Erfolg-Reich &

Gesund – Jetzt!

Feng Shui Selbsthilfe mit zusätzlichen Hinweisen aus der klassischen Numerologie

10 Schritte der Achtsamkeit

zusammengestellt von Lu Uranitsch 2012. Alle Rechte vorbehalten. Ich bedanke mich bei allen Wegbegleitern, die mir ihr Wissen großzügig zur Verfügung gestellt haben und bei allen Ratsuchenden, die mir erlauben, Sie ein Stück zu begleiten und zu unterstützen. Informationen zu meiner Person finden Sie unter www.numerologie-uranitsch.com.

Herstellung und Verlag:
BoD – Books on Demand, Norderstedt
ISBN 978-3-8482-3056-3

Aus dem Inhalt:

10 Schritte der Achtsamkeit

Stellen Sie sich vor: Sie sind der wichtigste Mensch auf dieser Erde. An Ihrem Wohlergehen und Ihrem Lebenswandel hängt das Glück und die Zukunft der Menschheit. Wäre es da nicht sinnvoll, Ihr Geschick aktiv selbst in die Hand zu nehmen und das Bestmögliche aus Ihrem Schicksal bzw. aus Ihrem Leben zu machen?

Investieren Sie in die Aktion und nicht in die Reaktion. Das wird Ihr Leben spannend und interessant machen und Sie zu einer erfüllten Partnerschaft, zu Glück, Erfolg und Wohlstand führen. Einen Weg zur aktiven Lebensgestaltung bietet Feng-Shui. Sie haben mit Feng-Shui die Möglichkeit Ihre Umgebung so zu manipulieren, dass Sie im Rahmen Ihres Schicksals das bestmögliche Ergebnis für sich und Ihre Lieben erzielen.

Die nachfolgenden Anregungen möchten Ihnen Mut machen, Ihre Lebensumstände zu beleuchten und wenn Sie mehr im Leben wollen, dann dürfen Ihnen die Vorschläge einen Ansporn geben, durchzustarten.

Das Buch ersetzt keine professionelle Feng Shui Beratung,

da erst durch die Fachfrau (Fachmann) die Feinheiten sowie die Zeitqualität erarbeitet werden können. Ich habe ganz bewusst auf ausschweifende Erklärungen verzichtet, um Sie möglichst schnell zum Wesentlichen hinzuleiten –
zur praktischen Umsetzung. Wenn Sie sich noch intensiver in die Materie einlesen möchten, finden Sie auf den letzten Seiten einige Büchervorschläge.

Alle Texte sind deshalb **die Essenz** und dürfen Sie für die Thematik interessieren.
Ich habe meinen Fokus vorwiegend auf Lösungsvorschläge und nicht auf die Beschreibung und Analyse der einzelnen Übel gelegt. Für Missstände gibt es sehr oft mehrere Ursachen so wie auch für Krankheiten. Ich möchte an dieser Stelle klar betonen, dass ich jede plakative Verallgemeinerung ablehne. Alles Wissen, dass uns zur Zeit zur Verfügung steht, ist in Bewegung und erfordert ein ständiges „updaten".

Der Weg der Achtsamkeit kann der Schlüssel zu Ihrer ganz persönlichen Erfolgsgeschichte werden. Von heute auf morgen haben Sie die Möglichkeit ein komplett neues Lebensgefühl zu erlangen. Durch den klaren Fokus auf das

Hier und Jetzt werden Sie Ihre Zukunft aktiv vorbereiten und in eine positive Richtung lenken. Sehr oft hängen wir mit unseren Gedanken bei gemachten Fehlern und verpassten Chancen. Auf Grund von Unwissenheit, Achtlosigkeit, antrainierten Ängsten und Faulheit ignorieren wir die wunderbaren Möglichkeiten für ein erfolgreiches Leben. Ich bin davon überzeugt, dass es nicht unsere Aufgabe ist, unglücklich zu sein und schon gar nicht unser Wunsch. Es ist vielmehr unsere Aufgabe aus den vorhandenen Möglichkeiten das für uns beste Lebensmodell zu erstellen. Alte Glaubenssätze aus der Kindheit dürfen genauso hinterfragt werden wie die kontraproduktiven Aussagen von: „das war schon immer so" oder „das hat früher auch schon funktioniert" oder „das gehört sich nicht", „das tut man nicht", usw...

Wenn es in Ihrem Leben „hakt" und nicht weitergeht, dann nehmen Sie es nicht einfach hin, sondern befassen Sie sich aktiv mit Ihrem Verhalten und mit Ihrer Umwelt. SIE sind der wichtigste Mensch in Ihrem Leben. Achten Sie auf sich, auf Ihre Mitmenschen und auf Ihre Umgebung und versuchen Sie beides kennen zu lernen. Erst dann, wenn Sie die Hindernisse erkannt haben, können Sie über die Lösung nachdenken und den ersten Schritt zu einer Verbesserung einleiten. Stellen Sie sich die Frage:

Was wäre wenn ich plötzlich ganz anders agieren würde? Was würde passieren wenn ich meine ganze Wohnung umkremple?

Was wäre, wenn ich wieder zur Schule gehen würde, etwas ganz Neues lernen würde, …usw.

Wenn Sie glücklich und zufrieden sind werden Sie diese Energie ausstrahlen und sie kann sich vervielfachen. Achtsamkeit in Ihr Leben zu integrieren kann Sie zu Glück, Erfolg und Wohlstand bringen und kann Sie vor Niedergeschlagenheit und Ausgebrannt sein bewahren.

<u>Der Weg der Achtsamkeit bedeutet:</u>

* Achtsam gegenüber sich selbst

* Achtsam gegenüber der Umgebung

* Achtsam gegenüber der Familie

* Achtsam gegenüber den Freunden

* Achtsam gegenüber den Mitmenschen

* Achtsam gegenüber allen Lebewesen

*Achtsam gegenüber den eigenen Handlungen

* Achtsam gegenüber den Unterlassungen

* Achtsam gegenüber den eigenen Ängsten,
Gedanken und Sehnsüchten,...

Was kann Feng Shui:

Korrigieren – aktivieren – vorbeugen

Sie werden mit Feng Shui Abhilfe schaffen bei bestehenden Problemen. Bereits vorhandene positive Energien können durch gezielte Maßnahmen gefördert werden, um die gewünschten Ergebnisse zu erzielen. Somit ist es möglich, eine erfolgreiche Zukunft einzuleiten.

* Erfolgsmöglichkeiten können verbessert werden
* Harmonie und friedliches Miteinander wird gefördert
* Negative Strukturen werden abgeschwächt
* Positive Strukturen werden verbessert
* Gesundheit wird gefestigt und gefördert
* Lebensmanagement wird gefördert
* Wohlbefinden wird gefördert
* Umgebung und Mensch wird in Einklang gebracht
* Geschäftliche Erfolge werden gefördert
* Geldfluss kann angeregt werden

* Singles können Liebe und Partnerschaft in ihr Leben
  bringen
* Ihr Sexualleben kann angeregt werden, u.v.m.

Kürzlich sagte eine Dame zu mir: „ah Feng Shui das ist ja das wo man den Klodeckel zumacht". Oder eine Andere: „ja ich mache auch Feng Shui ich habe in der Reichtums-Ecke links hinten meine Schale mit Münzen stehen". Das ist schön und noch besser wenn es eine Lebensverbesserung bringt. Feng Shui im klassischen Sinn ist es nicht.

Die meisten Menschen denken bei Feng Shui es geht nur um altes chinesisches Wissen. Fakt ist allerdings, dass Menschen auf der ganzen Welt, die im Einklang mit den Naturgesetzen leben, Ihr Wohnen und Arbeiten nach Feng Shui Richtlinien organisiert haben. Alte Bauernhäuser, Kirchen, alte herrschaftliche Wohnhäuser sind unter Anderem nach diesen Richtlinien platziert und gestaltet.

Trotzdem dürfen wir heute sagen klassisches Feng Shui basiert nicht auf Intuition sondern auf Berechnungen. Die Feng Shui Beraterin (der Berater) verwendet einen Kompass um die genaue Ausrichtung eines Objektes zu erhalten und wird für Sie auch die jeweilige Zeitqualität berücksichtigen.

Das bedeutet, dass eine ungünstige Konstellation nicht immer gleich ungünstig ist, sondern je nach Zeitqualität (Jahr, Monat, Tag) variiert.

Umgebung, Ausrichtung und Zeitqualität sind 3 wichtige Säulen um die Qui Qualität eines Hauses zu bestimmen.

Jedes Gebäude lebt, jede Landschaft lebt und bestimmte Gegenden besitzen gutes Qi (sheng qi) andere Gebäude und Gegenden besitzen schlechtes Qi (sha). Die Aufgabe einer guten Beraterin (eines guten Beraters) ist die Harmonisierung der Gegebenheiten. Die Basis bilden Naturbeobachtungen und Berechnungen.

Himmel – Erde - Mensch
Der Mensch steht im Mittelpunkt.

Seit einigen Jahren hat der Handel Feng Shui für sich entdeckt und Sie können vom Feng Shui Kissen bis zum küssenden Delphin alles Mögliche und Unmögliche unter dem Deckmäntelchen von Feng Shui erwerben. Dabei geht es allerdings nicht um klassisches bzw. traditionelles Feng Shui. Wenn es Ihnen gut tut, dann ist es gut. Wenn Sie auf Partnersuche sind und die küssenden Delphine in der

Wohnzimmerecke („Partnerschafts-Ecke"= westliches Feng-Shui) Sie daran erinnern auszugehen, kann das eine gute Wirkung haben. Küssende Delphine aus Holz in hoher schlanker Form repräsentieren das Element Holz aber nicht die Partnerschaft und Liebe.

Es ist erwiesen, dass Symbole eine sehr große Wirkung auf das Unterbewusstsein ausüben. Aus diesem Grund sind Symbole immer zu befürworten und können überaus hilfreich sein.

Feng Shui ist keine neuzeitliche Modeerscheinung und keine Religion. Feng Shui möchte Harmonie schaffen. Feng-Shui Maßnahmen wirken, ob Sie daran glauben oder nicht.

Beim Setzen von Maßnahmen ist es aus diesem Grund wichtig dezent vorzugehen. **Schießen Sie nicht mit Kanonen auf Spatzen**, sondern beginnen Sie mit kleinen Veränderungen und Maßnahmen und **beobachten Sie mindestens 3 Wochen lang was passiert**, bevor Sie eine neue Maßnahme setzen.

* Feng Shui ist keine neuzeitliche Modeerscheinung

* Feng Shui basiert nicht auf Intuition

* Feng Shui basiert auf genauen Berechnungen

* und Naturbeobachtungen

* Feng Shui wirkt, egal ob Sie daran glauben oder nicht

* Feng Shui harmonisiert und unterstützt Ihren Erfolg

Einige geschichtliche Eckpunkte:

Zhou Dynastie 1045-221 v. Chr.

Das Glück eines Gebäudes wurde mittels der Zhai Bu – Weissagung festgelegt – auf der Suche nach unterirdischen Quellen, die sich ungünstig auswirken.

Periode der sich bekämpfenden Staaten 403-221 v. Chr.

Das Studium des I-Ging war sehr populär, Konfuzianismus, Daoismus, die Theorie von Yin und Yang, die 5 Elemente und das Bagua nahmen Gestalt an.

Han Dynastie 206 v. Chr.-220 n. Chr.

Erste Aufzeichnungen über Feng Shui Beratungen. Feng Shui war eng mit dem Studium des I-Ging verbunden.

Jin Dynastie 265–420

Der Begriff Feng Shui erschien das erste Mal im „Buch der Begräbnisstätten" von Guo Pu.

Tang Dynastie 618-907

Der erste Regent besaß ein Buch über Feng Shui Kalkulationen „Das geheime Buch der Jadeschriften" von Chiu Yen – Han

Yang Jun Song nahm das Buch an sich (nach dem Fall der Tang Dynastie) und verbreitete Feng Shui.

Song Dynastie 960-1279

Das „goldene" Zeitalter von Feng Shui

Ab der Song Dynastie erfolgte die Spaltung in

a) Xing Jia – Formen Schule, Form und Beschaffenheit von Landschaft, Bergen und Wasser

b) Liqi Jia – Kompass Schule, nach der Kompass-Schule üben bestimmte Richtungen mehr oder weniger gute Einflüsse zu gewissen Zeiten aus.

Yuan Dynastie 1271-1368

Die gesamte chinesische Kultur wurde durch die Mongolen unterdrückt.

Ming Dynastie 1368-1644

Feng Shui kommt zurück und wird wieder angewandt.

Qing Dynastie 1644-1911

Feng Shui verschwindet wieder in der Versenkung.

Republik China 1912-1949

Volksrepublik China ab 1949

Feng Shui hat sich nach Hongkong, Taiwan und Südostasien verlagert.

Was ist Feng-Shui?

Feng Shui hat sich aus dem chinesischen Schamanismus entwickelt. Schon über tausend Jahre v. Chr. wurden Gebäude, speziell auf unterirdische Quellen, bewertet. Man ging davon aus, dass unterirdische Quellen sich negativ auf die Wohnqualität und den Erfolg der in solchen Gebäuden lebenden Menschen auswirken können. Um das Wohlergehen der nächsten Generationen zu sichern wurden Grabstätten in günstigster Ausrichtung angelegt. Feng Shui war in früherer Zeit dem Herrscher vorbehalten und nicht dem gemeinen Volk zugänglich.

Yin Häuser – Häuser der Verstorbenen, Totenkult

Yang Häuser – Häuser für die lebenden Menschen.

Feng Shui – Wind und Wasser

Feng – Wind
symbolisiert Richtung

Shui – Wasser
symbolisiert Wohlstand

Wind und Wasser sind nach dem Glauben der traditionellen chinesischen Lehre essentielle Dinge im Leben. Beide sind in einer fließenden Bewegung.

Scharfe Winde zerstören zum Beispiel die Ernte, sie entwurzeln Bäume und Pflanzen, Orkane, Tornados, usw.

Sanfte Winde kühlen in der Hitze des Sommers, sind hilfreich bei der Bestäubung von Pflanzen und fördern das Wachstum.

Wasser – ohne Wasser kein Leben.

Reißende Flüsse zerstören und schwemmen alles mit.

Ruhendes Wasser wird mit der Zeit faulig.

Sanft fließendes Gewässer beherbergt Fische und andere Lebewesen. Sanfter Regen fördert das Wachstum und erfrischt.

Wie immer im Leben geht es um Balance und um Ausgewogenheit.

Ein Übermaß an Energie kann sich sehr oft zerstörerisch auswirken, während ein zu geringes Maß an Energie, Stagnation bis Untergang in sich birgt. Ein Mensch auf dem Nullpunkt seiner Energie ist tot. Eine Umgebung ohne Energie ist nicht förderlich. Wenn wir von Ener(gi)e sprechen so sprechen wir in diesem Fall von Qi.

Es geht bei Feng Shui um die Verbesserung des Gesamt-Qi und der Qi Qualität der Menschen in Gebäuden.

Moderne Gebäude werden bis zum „geht nicht mehr" isoliert. Das bedeutet, dass die Wände keine Luftzirkulation zulassen. Der Eingang wird vielfach durch einen Windfang, der sämtliche Luftzirkulation abfängt, von der Wohnung selbst getrennt. Sollten Sie in einem solchen Gebäude wohnen, dann ist es für Sie essentiell, dass Sie regelmäßig für Durchzug sorgen. Speziell wenn sich viele Menschen gleichzeitig in Ihren Räumlichkeiten aufhalten. Vergessen Sie nicht, dass jeder mit jedem und allem energetisch verbunden ist. Wir sind bereits durch unser Ein- und Ausatmen miteinander verbunden. In modernen Häusern mit intensiver Wärmedämmung ist ein regelmäßiges Lüften der erste wichtige Schritt zur Förderung von Gesundheit und Wohlbefinden. Qi, das nicht fließen kann und stagniert, stirbt ab. Deshalb lassen Sie Luft und Sonne in Ihren Wohnbereich strömen und das auch im Winter.

Was ist Qi?

Qi ist in seiner Essenz ein philosophischer Begriff und lässt sich schwer in ein einzelnes Wort übersetzen. Qi darf man als energetisches Prinzip verstehen - Werden und Vergehen, die belebende Kraft, die alle Lebewesen durchströmt, Atem, Luft, Odem oder Atemstrom. Energie selbst ist ein Aspekt von Qi. Qi ist sozusagen das Informationsfeld. Es ist die Quelle jeglicher Bewegung im Universum.

Der kontinuierliche Kreislauf des Qi bildet die Grundlage für alles Lebende. Qi ist in ständiger Veränderung.

Qi reitet mit dem Wind und sammelt sich beim Wasser.

Im Handbuch der Inneren Medizin des Gelben Kaisers heißt es:

„Der Anfang des Qi bedeutet Entstehung

Die Ausdehnung des Qi gibt Formen

Die Verbreitung des Qi bringt Fortpflanzung mit sich

Das Ende des Qi heißt Änderung der Gestalt".

In vielen anderen Kulturen ist der Begriff Qi ebenso vorhanden:

Wir kennen den Begriff „Äther",

in Japan ist es „Ki",

die Inder nennen es „Prana",

griechisch „Pneuma",

bei den Germanen „Od",

in Tibet „Lung", in Ägypten „Kaa",

in der hebräischen Lehre „Ruach",

im Islam „Barraka",

bei den Ureinwohnern Amerikas „Manitu",

bei den australischen Aborigines „Arunqiltha",…

Himmels-Qi, Frühhimmlisches Ba Gua

Es dreht sich dabei um den Einfluss von Zeit und Gestirnen sowie von den Kräften der Natur.

Erde-Qi, Späthimmlisches Ba Gua

Das Magnetfeld der Erde. Berge, Flüsse, Seen, Landschaftsgegebenheiten. Sie beeinflussen unseren Körper, unsere Gesundheit und unsere Emotionen.

Berge herrschen über die Gesundheit der Menschen und über die Fruchtbarkeit.

Wasser herrscht über Reichtum und Glück.

Menschen-Qi, C. G. Jung „das kollektiver Unbewusste"

Das Menschen-Qi wird mit dem Geburtsjahr festgelegt. Es ist einzigartig und gibt Auskunft wie der jeweilige Mensch mit seiner Umwelt harmoniert.

Zusätzliche Aspekte des Menschlichen-Qi sind die Meridiane, die Aura und die Gedanken. Durch Training kann Qi (Chi) im Körper konzentriert werden. Dadurch wird es möglich Ziegelsteine nur mit der bloßen Hand in der Mitte durchzuschlagen. Viele asiatische Kampfsportarten kultivieren diese Fähigkeiten.

Sheng Qi, „kosmischer Atem"

Qi das sich fördernd auswirkt kann durch die Sinne erfasst werden. Es bewegt sich in sanften Windungen.

Sha, „tötender Atem"

Destruktives, hinderndes Qi wird ebenfalls durch die Sinne wahrgenommen - Schmecken, Riechen, Hören, Tasten, Sehen, Fühlen. Es bewegt sich auf geraden Strecken.

Bei Fragen nach der Gesetzmäßigkeit der Wirkung von Qi im Universum, bringt uns das augenblicklich zur traditionellen Chinesischen Philosophie von Yin und Yang und den 5 Elementen.

Die Yin und Yang Philosophie und die 5 Elemente

„Das Tao erzeugt die Eins.
Die Eins erzeugt die Zwei.
Die Zwei erzeugt die Drei.
Die Drei bringt die Zehntausend Wesen hervor (Laotse)

Das Dao ist der Ursprung, der Kreis, in dem alle Möglichkeiten vorhanden sind. Das unbefruchtete Ei. Aus dem Tao entstand das Tai Chi. Die 2 deutet auf Himmel und Erde bzw. Yin und Yang. Durch ihre Dynamik und das gegenseitige Durchdringen entsteht aus Yin und Yang das

Weltall mit Allem was dazugehört. Aus Yin und Yang entstanden die fünf Wirkkräfte und die vier Jahreszeiten.

Daraus entstanden die acht Trigramme und daraus wiederum die 64 Gua. Aus den 64 Gua entstanden die anderen 10.000 Dinge.

Das **Tai Chi** ist in unserem europäischen Raum eines der bekanntesten chinesischen Symbole. Yin und Yang (dunkel und hell) werden durch zwei geschwungene Formen dargestellt, die von einem Kreis (Dao) umschlossen sind. Der weiße Punkt im schwarzen Feld und der schwarze Punkt im weißen Feld bedeuten: das Eine ist auch im Anderen vorhanden. Wird Dunkel schwächer nimmt Licht zu. Wird Licht schwächer nimmt Dunkel zu. Wie der Tag übergeht in die Nacht und die Nacht übergeht in den Tag im ewigen Kreislauf. Nacht und Tag sind immer vorhanden auch wenn wir nur eine Erscheinung erkennen. Beide sind voneinander abhängig.

Im Menschlichen manifestiert sich Yin und Yang vor allen Dingen als die Dualität der Geschlechter – männlich und weiblich – Anima/Animus.

Beides ist in jedem Mensch vorhanden. Mann und Frau sind ein gutes Beispiel. In jeder Frau sind männliche Aspekte und in jedem Mann sind weibliche Aspekte vorhanden. Sind in einem Mann mehr weibliche Aspekte vorhanden so wird sein Verhalten dem Verhalten einer Frau ähnlicher sein als dem Verhalten von Männern. Er wird sich eventuell auch, wie eine vorwiegend weiblich gepolte Frau, in sexueller Hinsicht zu Männern hingezogen fühlen. Das selbe gilt für eine vorwiegend männlich gepolte Frau. Sie wird sich in sexueller Hinsicht eher von Frauen angezogen fühlen. Durch Erziehung und „bürgerliche" Moralvorstellungen werden diese Aspekte natürlich nicht immer ausgelebt. Mittlerweile aber immer öfter. Sehr oft jedoch erst in der zweiten Lebenshälfte, wenn die eigene wirkliche Persönlichkeit durchbricht.

Yang – „Banner, die in der Sonne wehen"
männlich, Bewegung, Tag, Himmel, weiß, Wärme, hell,…

Yin – „wolkig, bedeckt"
weiblich, Stille, Nacht, Erde, schwarz, Kälte, dunkel,…

Yin und Yang sind in ständiger Bewegung und das Eine ist ohne das Andere nicht erkennbar. Beide sind immer da und sind weder gut noch böse.

Wenn diese beiden dynamischen Kräfte nicht im Gleichgewicht sind kann Krankheit entstehen. Das Ziel darf es immer sein Yin und Yang in guter Balance zu halten. Die Traditionelle Chinesische Medizin arbeitet mit diesem System sehr erfolgreich.

In der **Yin-Yang-Kunst, „Kunst des Schlafzimmers"**, wurde gemäß den schriftlichen Überlieferungen versucht die Lebenskraft (Qi) zu steigern. Dies wurde angewandt um neues Leben (Nachkommen) zu schaffen oder um das Leben zu verlängern bzw. das eigene Qi im Körper zu steigern und zu aktivieren. Auszug aus dem Buch von Frank Fiedeler „Yin und Yang": Text eines taoistischen Arztes aus der Tang-Zeit:

„Um lange zu leben, ohne alt zu werden, sollte ein Mann zuerst mit der Frau spielen. Er sollte den Jadesaft trinken, - das heißt ihren Speichel schlucken. Dadurch wird die Leidenschaft sowohl des Mannes wie der Frau erregt. Dann sollte der Mann mit den Fingern der linken Hand den Pingyi Punkt (Akupunkturpunkt oberhalb der rechten Brustwarze) drücken (ejakulationshemmend). Er sollte sich vorstellen, dass sich in seinem Zinnoberfeld eine helle Essenz befindet, die innen gelb, außen rot und weiß ist. Dann sollte er sich vorstellen wie diese Essenz sich in eine Sonne und einen

Mond teilt, die sich in seinem Unterleib herumbewegen und dann hinaufsteigen zum Ni-huan-Punkt in seinem Gehirn, wo die zwei Hälften wieder vereinigt werden. Während dessen lässt er sein Glied tief eingetaucht in der Scheide der Frau ruhen, wobei er oben den Speichel der Frau aufnimmt, unten ihre Vaginal-sekrete. Sowie er fühlt, dass sein Samen in Bewegung gerät und ausgestoßen werden soll, zieht er sein Glied schnell zurück. Jedoch können dies nur Adepten von großer Weisheit erreichen." Zum universalen Charakter der kosmischen Vision gehörte auch, dass der taoistische Adept sich bei seinen sexuellen Meditationen nicht auf eine bestimmte Partnerin beschränkte. Dies war langfristig dem Erfolg der Übung abträglich. Auszug Ende.

Die Zeitqualität

Im westlichen Denken betrachten wir die Zeit sehr gerne als lineare Gegebenheit. So wie Anfang und Ende. In der traditionellen chinesischen Denkweise wird die Zeit zyklisch erfasst, ohne Anfang und Ende - immer wiederkehrend. Wie der Jahreskreislauf – Frühling-Sommer-Herbst-Winter – Frühling.... Stirb und werde.

Die 5 Elemente, Symbole für Bewegung und Umwandlungen von Yin und Yang.

Um eine erfolgreiche Feng Shui Selbsthilfe Maßnahme im traditionellen Sinn zu setzen ist das verstehen der 5 Elemente oder 5 Transformationen essentiell. Diese Elemente werden dazu benutzt, um die Qi-Qualität in einem Raum, Haus,… usw. zu bestimmen und sie je nach gewünschtem Ergebnis zu manipulieren. Die 5 Wandlungsphasen sind weder positiv noch negativ.

Die 5 Transformationen sind:
Holz, Feuer, Erde, Metall, Wasser

Holz: organisch, wachsend, steigend
Holzstern-Jupiter, Osten-Sitz des blaugrünen Drachens

Feuer: symbolisiert Wärme, Vergeistigung,
Feuerstern-Mars, Süden-Sitz des roten Vogels

Erde: symbolisiert das sich Festigende
Erdestern-Saturn, Mitte - die Mitte bleibt frei

Metall: träge, schwer, anorganisch
Metallstern-Venus, Westen-Sitz des weißen Tigers

Wasser: die Auflösung des Festen, sich verflüssigen

Wasserstern-Merkur, Norden-Sitz der schwarzen Schildkröte

Wir kennen 4 Möglichkeiten der Veränderung:

Produktiver Zyklus: ein Element stärkt das nächste

Holz erzeugt Feuer

Feuer verbrennt und wird zu Asche und weiter zu Erde

Die Erde verfestigt sich und bringt Metalle hervor

Wenn Metall geschmolzen wird , wird es wie Wasser

Wasser nährt wiederum das Holz (die Bäume)

kontrollierender Zyklus: eine sehr starke Energie, sollte so wenig wie möglich eingesetzt werden, die Elemente stehen sich gegenüber und „kämpfen"

Wasser löscht Feuer

Feuer schmilzt Metall

Metall schneidet Holz (Säge)

Holz laugt die Erde aus (die Baumwurzeln)

Erde verschmutzt das Wasser

Schwächender Zyklus: das ist eine der besten Methoden der Selbsthilfe, da sie eine sanfte Vorgehensweise erlaubt.

Holz schwächt das Wasser (da Wasser Holz nährt)

Wasser schwächt das Metall (weil Metall das Wasser nährt)

Metall schwächt die Erde (weil Erde Metall hervorbringt)

Erde schwächt das Feuer (weil Feuer die Erde erzeugt)

Feuer schwächt Holz (weil Holz von Feuer verbrannt wird)

Vermittelnder Zyklus: noch eine Variante, die sich perfekt für die Selbsthilfe eignet. Immer das Element das dazwischen steht vermittelt.

Wasser vermittelt zwischen Metall und Holz

Holz vermittelt zwischen Wasser und Feuer

Feuer vermittelt zwischen Holz und Erde

Erde vermittelt zwischen Feuer und Metall

Metall vermittelt zwischen Erde und Wasser

Wichtige Faktoren oder Beeinflussungen in unserem Leben nach der traditionellen chinesischen Lehre:

(Das Leben ein Spiel)

Karma oder Schicksal (unveränderlich)

(Ich bekomme beim Austeilen bestimmte Karten zugeteilt)

Glück und Zufall

(Ich spiele zur richtigen Zeit die richtige Karte)

Feng Shui bzw. meine Umgebung

(Ich kenne meine Gegner genau und wähle das für mich beste Ambiente für das Spiel)

Altruismus und gute Taten.

(Ich sorge dafür, dass meine Mitspieler sich so wohl wie möglich fühlen)

Arbeit, Fleiß und lernen – es tun

Ich habe das Handwerkszeug zum Kartenspielen

gelernt und bin bereit weiter zu lernen und mich zu verbessern.

Nachdem Karma bzw. Schicksal vorbestimmt und nicht veränderbar sind, können Sie nur mit den veränderbaren Optionen arbeiten. Der Schicksalsweg ist ein breiter. Ob Sie geradeaus gehen oder in Umwegen bleibt Ihnen überlassen. Ob Sie aktiv Ihr Leben gestalten oder es geschehen lassen ist ebenso Ihre Entscheidung. Es ist wichtig zu wissen, wann immer Sie andere über Ihren Weg entscheiden lassen, dann ist es nicht mehr Ihr Weg. Der Weg, den ein anderer für Sie bestimmt, mag für denjenigen im Rahmen seines Schicksals exzellent sein, ob dieser Weg für Ihr Schicksal ebenso gut ist, bleibt dahingestellt.

Wir sind nicht auf der Welt, um die Erwartungen von anderen zu erfüllen. Jeder Mensch hat seine eigenen Aufgaben, die es zu erledigen gilt. Es gibt nur eine menschliche Weiterentwicklung, wenn Sie neue Wege gehen und eventuell Ihren Rahmen sprengen, manchmal Fehler und sich auch hin und wieder vielleicht zum Narren machen. Oftmals dürfen Sie auch scheitern und durch praktische Erfahrungen dazulernen. Nicht das Scheitern und Stürzen wird Sie weiterbringen, sondern das Aufstehen und das Lernen daraus. Die Analyse und die Erkenntnis was Sie übersehen haben und was Sie beim nächsten Mal beachten und besser machen dürfen. Deshalb ist es essentiell, Verantwortung für das eigene Leben zu übernehmen und Entscheidungen nach bestem Wissen und Gewissen selbst zu fällen. Wenn Sie den falschen Weg gewählt haben, dann dürfen Sie jederzeit umkehren. Auch ein falscher Weg ist oft sehr lehrreich und kann Sie letztendlich weiter bringen. Viele extrem erfolg-„reiche" Menschen sind gescheitert, haben daraus ihre Schlüsse gezogen und sind neu durchgestartet. Ihr Spruch darf also lauten: „aus gemachten Fehlern viel gelernt".

Wer nichts tut kann auch keine Fehler machen und hat ausreichend Zeit mit dem Finger auf die Fehler der anderen zu zeigen.

Die Zeit vergeht, ob Sie Ihr Leben aktiv leben oder nur warten bis es Abend wird. Glückliche Zeiten vergehen schnell. Traurige Zeiten ziehen sich „relativ" in die Länge, wenn man es nicht schafft sich abzulenken.

Es kann sein, dass Sie für den Start eines Projektes die falsche Zeit oder den falschen Ort wählen. Nicht immer ist ein Projekt untauglich, weil es nicht von Anfang an ein „Renner" wird – überprüfen Sie genau.
Sie dürfen Ihren Schicksalsweg aktiv erleichtern, indem Sie Ihre Umgebung, Ihren Arbeitsplatz und Ihre Wohnung so gestalten, dass sie sich förderlich auf Ihr Weiterkommen auswirken. Sei es, dass Sie mehr Kunden haben möchten, einen lukrativen Arbeitsplatz, eine liebevolle Partnerschaft oder glückliche Haustiere – was auch immer.

Sie dürfen Ihre Mitmenschen so behandeln, dass sie bestrebt sind Ihnen weiterzuhelfen und Sie zu unterstützen und Sie dürfen ausdauernd und fleißig an Ihren Zielen dranbleiben.

Karma oder Schicksal sollte niemals als Ausrede dazu dienen nichts zu tun. Wenn man nichts tut, passiert nichts. Nichtstun bedeutet Rückschritt. Tun bedeutet manchmal auch Scheitern.

Scheitern bedeutet:

a) überprüfen der Vergangenheit

b) Schlüsse ziehen

c) updaten

d) neu durchstarten mit den gewonnenen Erkenntnissen

e) es besser machen

Das „Schicksal" mischt die Karten und Sie erhalten ein bestimmtes „Blatt". Was Sie mit Ihren Karten machen, bleibt Ihnen überlassen. Ob Sie clever spielen und die gebotenen Möglichkeiten nutzen, ob Sie betrügen, ob Sie nicht bei der Sache (beim Spiel) sind, ob Sie aufgeben, weil Sie „schlechte Karten" erhalten haben - all das bleibt Ihnen überlassen. Nur spielen Sie IHR Spiel und machen Sie das Beste aus Ihren Möglichkeiten, indem Sie genau beobachten was läuft. UND nehmen Sie jede Möglichkeit wahr, die Ihnen geboten wird, um Ihr Leben und Ihr Schicksal zu erleichtern.

Es gibt viele verschiedene Schulen im Feng Shui und verschiedene Methoden. Dieser Leitfaden beschäftigt sich vorwiegend mit den Richtungen und den daraus entstehenden Möglichkeiten zum Erfolg sowie mit den Elementen. Als zusätzliche Inspiration habe ich Aspekte aus der klassischen Numerologie angeführt.

Ba Zhai (Ba=8, Zhai=Häuser oder Positionen bzw. Richtungen)

Sie benötigen Ihre Kua-Zahl (Ming-Gua-Lebens-Trigramm), die Sie gemäß Ihrem Geburtsjahr ermitteln. Weiters berechnen Sie Ihre Zhai-Gua - Ihr Haus oder Wohnungs-Trigramm bzw. Ihre Haus oder Wohnungs-Richtung.

Als ersten Schritt berechnen Sie Ihre Kua-Zahl.
Folgen Sie den Anleitungen und schreiben Sie Ihre Zahlen auf ein separates Blatt Papier, das Sie als Lesezeichen verwenden können.

Schritt 1
Berechnen Sie Ihre Kua-Zahl und die Ihrer Lieben.

Dazu benötigen Sie nur Ihr Geburtsjahr und Ihr Geschlecht – männlich/weiblich. Beachten Sie, dass das chinesische Jahr unterschiedlich, zwischen Januar und Anfang Februar, beginnt. Tabellen dazu finden Sie im Internet und im Anhang. Alle Geburtsdaten vor diesem Termin gehören noch zum Vorjahr. Klären Sie also zuerst (wenn Ihr Geburtstag im Januar oder Februar liegt), wann in Ihrem Geburtsjahr das chinesische Jahr begonnen hat.

Sollten Sie zum Beispiel am 2.2. geboren sein und in Ihrem Geburtsjahr ist der Beginn des neuen chinesischen Jahres der 4.2. dann gehören Sie noch zum Vorjahr. Das ist ein überaus wichtiger Aspekt, denn wenn Sie dies nicht beachten ist Ihre ganze Berechnung falsch.

Berechnung für Frauen

a) Zählen Sie die beiden letzten Zahlen Ihres Geburtsjahres zusammen

b) bei zweistelligen Zahlen reduzieren Sie nochmals auf eine einstellige Zahl

c) zählen Sie zu dieser Zahl 5 dazu

d) wenn eine zweistellige Zahl das Ergebnis ist, dann addieren Sie die beiden Ziffern noch einmal damit eine einstellige Zahl das Ergebnis ist. Das ist Ihre Kua-Zahl.

Ein Beispiel: 1961

a) 6+1=7

b)

c) 7+5=12

d) 1+2=3 Ihre Kua-Zahl ist 3

Ist Ihre Kua-Zahl 5 dann gehören die Aussagen der Kua-Zahl 8 zu Ihnen.

Ab dem Jahr 2000 wird die Zahl 6 dazu gerechnet.

Berechnung für Männer

a) addieren Sie die beiden letzten Zahlen Ihres
   Geburtsjahres
b) wenn eine zweistellige Zahl das Ergebnis ist, dann
   addieren Sie diese nochmal bis eine einstellige Zahl
   erscheint
c) ziehen Sie das Ergebnis von 10 ab.
   Das ist Ihre Kua-Zahl.

Ein Beispiel: 1960
a) 6+0=6
b)
c) 10-6=4   Ihre Kua-Zahl ist 4

Ist Ihre Kua-Zahl 5 dann gehören die Aussagen der Kua-Zahl
2 zu Ihnen.

Ab dem Jahr 2000 wird von der Zahl 9 abgezogen. 2009 wäre
Kua-Zahl 9.

Nun scheint das eine zu einfache Methode zu sein, um große Wirkung zu zeigen. Weit gefehlt. Alle genialen Dinge sind im Grunde sehr einfach. Wir erreichen mit dieser Methode, dass Sie mit 4 förderlichen Richtungen und den dazugehörenden Wandlungsphasen arbeiten können. Die Richtungen sind wichtig. Unterschätzen Sie diese Wirkung nicht.

Wir unterscheiden:

Die westliche Gruppe mit den Kua-Zahlen: 2-6-7-8
Günstige Richtungen sind: SW, NW, W, NO

Die östliche Gruppe mit den Kua-Zahlen: 1-3-4-9
Günstige Richtungen sind: N, O, SO, S

Die Wohlstands-Position ist immer Ihre Kua-Zahl (Richtung).

Erklärung zu den Richtungen

A. Günstigste Richtung, Glück und Ruhm, Erfolgsrichtung, Wachstum, Sheng Qi
B. Zweitgünstigste Richtung, Reichtum und hilfreiche Freunde, Gesundheitsrichtung, Tian Yi
C. Drittgünstigste Richtung, Harmonie in der Familie und gute Kontakte, Liebesrichtung, Yan Nian

D. Viertgünstigste Richtung, das gute Leben, Wohlstand, persönliche Entwicklung, Fu Wei

E. Viert-ungünstigste Richtung, Streit und Rechtsstreit, Unglück, Hou Hai

F. Dritt-ungünstigste Richtung, Pech, Schicksalsschläge, negative Begegnungen, Beziehungsprobleme, Liu Sha

G. Zweit-ungünstigste Richtung, Unfälle und Katastrophen, Feuer, Wu Gui

H. Ungünstigste Richtung, Finanzdesaster, Karriere Schwierigkeiten, Verluste, ernste Krankheit, Jue Ming

Die Trigramme und Ihre Kua-Zahl

1

Trigramm: Kan, mittlerer Sohn

das Abgründige, Geheimnisse und Gefahr

Symbol: Wasser

Element: Wasser

Jahreszeit: Winter

Richtung: Norden. Kalte Winde und Dämonen kommen aus dem Norden.

Östliche Gruppe

Günstige Richtungen: SO (A), O (B), S (C), N (D)

Ungünstige Richtungen: W (E), NO (F), NW (G)

schlechteste Richtung: SW (H)

Körperzuordnung: Ohren, Blut, Nieren

Gesundheitsthema: Ohren, Nieren, Wasserhaushalt

Farbe: dunkelblau, schwarz,

Tier: Schwein

Energie: außen harmlos und willig, innen stark

Schlüsselwörter zur Liebe: Liebe und Romantik, ohne Wasser kein Leben, ohne Liebe kein geglücktes Leben

2

Trigramm: Kun, Mutter

das Empfangende, Gehorsam, Treue

Symbol: Erde

Element: Erde

Jahreszeit: Spätsommer/Frühherbst

Richtung: Süd-Westen

Westliche Gruppe

Günstige Richtungen: NO (A), W (B), NW (C), SW (D)

Ungünstige Richtungen: O (E), SO (F), S (G)

schlechteste Richtung: N (H)

Körperzuordnung: Unterleib, Magen

Gesundheitsthema: Verdauung, Fortpflanzungsorgane

Farbe: gelb, braun

Tier: Kuh

Energie: ruhig, ausgeglichen, beständig und sanftmütig

Schlüsselwörter zur Liebe: Gefühle und Emotionen

3

Trigramm: Zhen, ältester Sohn

das Erregende, Fortschritt, Schnelligkeit, Bewegung

Symbol: Donner

Element: hartes Holz

Jahreszeit: Frühling

Richtung: Osten

Östliche Gruppe

Günstige Richtungen: S (A), N (B), SO (C), O (D)

Ungünstige Richtungen: SW (E), NW (F), NO (G)

Schlechteste Richtung: W (H)

Körperzuordnung: Füße, Hals

Gesundheitsthema: Krämpfe, Anfälle

Farbe: grün

Tier: Drache

Energie: beweglich und frei, abenteuerlich und mutig

Schlüsselwörter zur Liebe: Einflüsse von Außen, höre auf deine innere Stimme nicht auf die Stimmen im Außen.

4

Trigramm: Xun, älteste Tochter

das Sanfte, Flexibilität, innere Stärke

Symbol: Wind

Element: weiches Holz

Jahreszeit: Frühsommer

Richtung: SO

Östliche Gruppe

Günstige Richtungen: N (A), S (B), O (C), SO (D)

Ungünstige Richtungen: NW (E), SW (F), W (G)

Schlechteste Richtung: NO (H)

Körperzuordnung: Schenkel, Gesäß

Gesundheitsthema: Gesäß, Oberschenkel, Erkältungen

Farbe: grün

Tier: Huhn

Energie: gewandt und wachsam

Schlüsselwörter zur Liebe: Harmonie und Vertrauen

5 weiblich (siehe auch 8), Westliche Gruppe

Günstige Richtungen: SW (A), NW (B), W (C), NO (D)

Ungünstige Richtungen: S (E), N (F), O (G)

Schlechteste Richtung: SO (H)

5 männlich (siehe auch 2), Westliche Gruppe

Günstige Richtungen: NO (A), W (B), NW (C), SW (D)

Ungünstige Richtungen: O (E), SO (F), S (G)

Schlechteste Richtung: N (H)

6

Trigramm: Qian, Vater

≡

das Schöpferische, Energie, Ausdauer, Originalität

Symbol: Himmel

Element: hartes Metall

Jahreszeit: Spätherbst

Richtung: Nord-Westen

Westliche Gruppe

Günstige Richtungen: W (A), NO (B), SW (C), NW (D)

Ungünstige Richtungen: SO (E), O (F), N (G)

Schlechteste Richtung: S (H)

Körperzuordnung: Kopf, Lungen

Gesundheitsthema: Kopfschmerzen bis Migräne,

Lungenerkrankungen

Farbe: gold, Tier: Pferd

Energie: aktiv und beweglich, loyal und verlässlich

Schlüsselwörter zur Liebe: Freundschaft, ausgeglichenes

geben und nehmen

7

Trigramm: Dui, jüngste Tochter

das Heitere, Zufriedenheit, Unterhaltung, Erholung

Symbol: See

Element: weiches Metall

Jahreszeit: Herbst

Richtung: Westen

Westliche Gruppe

Günstige Richtungen: NW (A), SW (B), NO (C), W (D)

Ungünstige Richtungen: N (E), S (F), SO (G)

Schlechteste Richtung: O (H)

Körperzuordnung: Mund, Brust, Zähne

Gesundheitsthema: Brusterkrankungen, Zahn und Mund

Farbe: weiß

Tier: Geiß

Energie: freundlich und fröhlich, unbeschwert und friedlich

Schlüsselwörter zur Liebe: Sex, Körperliches, Sensibilität

8

Trigramm: Gen, jüngster Sohn

Stille, Stärke, Stabilität, Friede, Ruhe, Lernen

Symbol: Berg

Element: Erde

Jahreszeit: Frühlingsanfang

Richtung: Nord-Osten

Westliche Gruppe

Günstige Richtungen: SW (A), NW (B), W (C), NO (D)

Ungünstige Richtungen: S (E), N (F), O (G)

Schlechteste Richtung: SO (H)

Körperzuordnung: Hände, Finger

Gesundheitszuordnung: Gicht und Arthritis, Verletzungen an Händen und Fingern

Farbe: gelb, braun

Tier: Hund

Energie: wachsam, ruhig und still, laut wenn notwendig

Schlüsselwörter zur Liebe: Kommunikation, Verständnis

9

Trigramm: Li, mittlere Tochter

das Haftende, Kommunikation, Erleuchtung, Lachen

Symbol: Feuer

Element: Feuer

Jahreszeit: Sommer

Richtung: Süden

Östliche Gruppe

Günstige Richtungen: O (A), SO (B), N (C), S (D)

Ungünstige Richtungen: NO (E), W (F), SW (G)

Schlechteste Richtung: NW (H)

Körperzuordnung: Augen, Herz

Gesundheitszuordnung: Blutkreislauf, Herzerkrankungen, Augenleiden

Farbe: rot

Tier: Goldfasan

Energie: stolz und schön, attraktiv und leuchtend

Schlüsselwörter zur Liebe: Wärme, Nähe, Selbstvertrauen

Schritt 2

Berechnen Sie die Richtung Ihres Hauses. Wenn Sie in einer Wohnung leben, dann berechnen Sie zusätzlich die Richtung Ihrer Wohnung.

Zuerst bestimmen Sie die Sitzrichtung und die Blickrichtung Ihres Hauses bzw. Ihrer Wohnung.

Stellen Sie sich vor, Ihre Wohnung (Haus) besteht nur aus vier Wänden, Türen und Fenster ohne Innenwände und Einrichtung. Im Haus befindet sich ein großer Ohrensessel. Wie würden Sie diesen aufstellen um eine gute Sicht aus dem Haus zu haben. Wenn Sie diese Frage geklärt haben, dann haben Sie die Blickrichtung bzw. die Sitzrichtung Ihres Hauses ermittelt.

Zum Bewerten des Hauses verwenden wir die Sitzrichtung (Rückseite des Hauses). Um die genaue Position festzustellen, benötigen Sie einen Kompass wie man ihn bei Wanderungen benützt. Die Messung machen Sie immer vor dem Haus. Beachten Sie, dass Sie den Kompass genau in der Ausrichtung halten, wie Sie „gesessen" sind. Messen Sie vorsichtshalber mehrere Male.

Zum Beispiel: Wenn Ihre Sitzrichtung der Norden ist, dann handelt es sich um ein Kan-Haus. Wenn Ihre Sitzrichtung im Nord-Osten ist, dann handelt es sich um ein Gen-Haus. Wenn Ihre Sitzrichtung im Osten ist, dann handelt es sich um ein Zhen-Haus usw.

Zusätzliche Überlegungen um die Sitzrichtung zu finden:
Stellen Sie sich Ihr Haus, Ihre Wohnung wie ein Gesicht vor, das in die Welt blickt. Die Haare sind Ihre Sitzrichtung. Das Gesicht ist Ihre Blickrichtung. Die Sitzrichtung ist die Seite wo es am ruhigsten ist, die so genannte Rückseite oder vielfach ist die Sitzrichtung auch die Schattenseite oder die Seite mit wenigen Fenstern.

Auch Ihr Grundstück können Sie auf diese Art bewerten und sich Gedanken machen, in welchem Sektor des Grundstücks Ihr Haus steht und welches Element damit in Verbindung steht. Wie verhält sich das Element zum Element Ihrer Kua-Zahl. Fördert es Sie oder nicht. Sie sehen, nun wird es schon komplexer und erfordert einiges an Denkarbeit.

Die Haus/Wohnungs-Sektoren:
Sterne des „Großen Wagens"

A) Sheng Qi – Lebens-Qi, Vitalität, Entwicklung und
       Reichtum, Holz, „gieriger Wolf

B) Tian Yi - „Himmlischer Heiler" neutralisiert,
       Gesundheit und Regeneration, Erde, „das gr.
       Tor"

C) Yan Nian - „Langlebigkeit", harmonische Beziehungen
       und Kinder, Metall, „der Krieger"

D) Fu Wei - Gebäuderichtung, Friede und gutes
       Lebensmanagement, Schutz vor Unheil,
       Holz, rechter/linker Assistent

E) Huo Hai - „Unglück" kleinere Ärgernisse, kleinere
Rückschläge eventuell Geldverluste, Einschränkungen,
Erde, „Einengung im Wohlstand"

F) Liu Sha - „Sechs Flüche", Beziehungsprobleme,
nicht förderliche sexuelle Beziehungen
Rückschläge und Hindernisse, Wasser, „der Gelehrte"

G) Wu Gui - „Fünf Geister", Feuergefahr und Unfälle,
Verluste und Prozesse, Feuer, „Tugend"

H) Jue Ming - ernste Krankheiten, ernste physische

Gefahren, Metall, „Zerstörer der Armeen"

Ostgruppen Häuser/Wohnungen:

Zhen-Haus/Wohnung

Günstige Sektoren: S (A), N (B), SO (C), O (D)

Ungünstige Sektoren: SW (E), NW (F), NO (G)

Schlechtester Sektor: W (H)

Xun-Haus/Wohnung

Günstige Sektoren: N (A), S (B), O (C), SO (D)

Ungünstige Sektoren: NW (E), SW (F), W (G)

Schlechtester Sektor: NO (H)

Kan-Haus/Wohnung

Günstige Sektoren: SO (A),O (B), S (C), N (D)

Ungünstige Sektoren: W (E), NO (F), NW (G)

Schlechtester Sektor: SW (H)

Li-Haus/Wohnung

Günstige Sektoren: O (A), SO (B), N (C), S (D)

Ungünstige Sektoren: NO (E), W (F), SW (G)

Schlechtester Sektor: NW (H)

Westgruppen Häuser/Wohnungen:

Qian-Haus/Wohnung

Günstige Sektoren: W (A), NO (B), SW (C), NW (D)

Ungünstige Sektoren: SO (E), O (F), N (G)

Schlechtester Sektor: S (H)

Kun-Haus/Wohnung

Günstige Sektoren: NO (A), W (B), NW (C), SW (D)

Ungünstige Sektoren: O (E), SO (F), S (G)

Schlechtester Sektor: N (H)

Gen-Haus/Wohnung

Günstige Sektoren: SW (A), NW (B), W (C), NO (D)

Ungünstige Sektoren: S (E), N (F), O (G)

Schlechtester Sektor: SO (H)

Dui-Haus/Wohnung

Günstige Sektoren: NW (A), SW (B), NO (C), W (D)

Ungünstige Sektoren: N (E) , S (F), SO (G)

Schlechtester Sektor: O (H)

Im Idealfall ist das Haustrigramm mit Ihrem persönlichen Trigramm identisch. Als vorteilhaft erweist es sich auch, wenn Ihre Wohnung/Ihr Haus zur gleichen Gruppe (Ost oder West) gehört, wie Ihre Kua-Zahl. In allen anderen Fällen bedarf es genauerer Überlegungen, wie sich die vorhandenen Energien für Sie möglichst produktiv nutzen lassen.

Sie können nun über Ihren Hausplan bzw. über eine Zeichnung Ihres Hausgrundrisses ein Raster mit 9 Kästchen so ausrichten, dass die Positionen gemäß Ihrer Sitzrichtung angeordnet sind. Somit erhalten Sie 9 Sektoren bzw. 9 Bereiche, die bestimmten Himmelsrichtungen und Elementen zugeordnet sind. Beachten Sie, dass Häuser selten die quadratische oder rechteckige Form haben. Es wird vorkommen, dass Sektoren fehlen oder sich eventuell zwei Sektoren in einem Raum befinden. Das ist insofern vorteilhaft, weil Sie dadurch zusätzliche Möglichkeiten für günstige Positionen erhalten. Fehlende günstige Sektoren können im Außen durch Maßnahmen hinzugefügt werden oder im Inneren durch große Spiegel, die die Illusion schaffen, dass es hinter dem Spiegel weiter geht. Wenn Sie mit Spiegel arbeiten, dann achten Sie immer darauf, dass sich nur schöne Dinge spiegeln. Richten Sie niemals einen Spiegel auf Müll oder Gerümpel.

Raster: Zhen-Haus, die Mitte bleibt frei

E	H	G
A		B
C	D	F

Sitzrichtung: Osten

Die selbe Methode lässt sich auch für jeden einzelnen Raum anwenden. Sie können also auch den Raum in einzelne Sektoren einteilen. Nachdem die Räume einer Wohnung oder eines Hauses unterschiedlich groß sind, werden auch die Sektoren in einem kleinen Raum klein sein und in einem großen Raum groß sein. Bei offener Raumgestaltung ohne Innentüren bedenken Sie, dass nur der geschlossene Raum als ein Raum bewertet wird.

Sollten Sie in einem Haus wohnen mit Ihrem eigenen Trigramm, dann ist das, wie bereits erwähnt, der Idealfall oder wenn Sie mit Ihrer Kua-Zahl zur westlichen Gruppe gehören und Ihr Haus ebenfalls zur westlichen Gruppe gehört.

In allen anderen Fällen ist es umso wichtiger, dass Sie Ihre idealen Richtungen (gemäß Kua-Zahl) beachten. Speziell bei Ihrer Schlafposition, bei Ihrer Herd-Position und an Ihrem Schreibtisch, wenn Sie von zuhause aus arbeiten.

Schritt 3

Vorgangsweise:

1. Sie wissen nun Ihre Kua-Zahl (Berechnung auf Grund Ihres Geburtsdatums und Ihres Geschlechtes) sowie Ihre günstigen und ungünstigen Richtungen.

2. Sie wissen die Kua-Zahl Ihres Hauses bzw. Ihrer Wohnung. Zugeordnet bzw. berechnet auf Grund der Sitzrichtung unter Zuhilfenahme eines Wander-Kompasses. Sie haben einen Raster gezeichnet oder aus Papierstreifen zusammen geklebt, den Sie über Ihren Hausplan legen können.

Nachdem Sie Ihre Kua-Zahl errechnet haben und die von eventuellen Mitbewohnern gehen Sie wie folgt vor:

In den meisten Haushalten leben mehrere Personen und aus diesem Grund erfordert es etwas Denkarbeit, um das bestmögliche Ergebnis für alle Bewohner zu erzielen.

Diejenige Person, welche den größten Teil des Lebensunterhaltes bestreitet, ist die wichtigste Person und im Zweifelsfall darf diese Person den Vorrang vor allen Anderen genießen.

Beginnen Sie also mit der Person, die den Lebensunterhalt verdient. Wenn es mehrere Verdiener gibt, beginnen Sie mit der Person, die das meiste Geld nach Hause bringt. Versuchen Sie bei Schlafplätzen und für den Eingang die schlechtesten Richtungen zu vermeiden. Wenn Sie hauptsächlich auswärts essen, dann ist Ihre Küche nicht so wichtig. Sollten Sie von zu Hause aus arbeiten, dann ist Ihr Arbeitsplatz ein enorm wichtiger Platz.

Sie zeichnen nun einen Raster mit 9 Feldern:
Zuerst tragen Sie in die jeweiligen Kästchen auf der linken Seite die günstigen und ungünstigen Richtungen Ihres Hauses bzw. Ihrer Wohnung ein. Auf der rechten Seite neben dem Schrägstrich tragen Sie IHRE günstigen und ungünstigen Richtungen ein. Diesen Raster übertragen Sie nun auf Ihren Hausplan. Damit können Sie feststellen wie Ihr Haus bzw. Ihre Wohnung mit Ihnen harmoniert.

Zum Beispiel: Haus Zhen: Zahl 3 (Sitzrichtung Osten)

günstige Richtungen: S, N, SO, O

Kua-Zahl 9, Li - günstige Richtungen: O, SO, N, S

Westen

E/G	H/F	G/H
A/D		B/C
C/B	D/A	F/E

Osten

Sitzrichtung ist der Osten, Zhen der Donner.

In diesem Fall sind die guten Richtungen (A, B, C, D) identisch, zwar nicht in Ihrer Bedeutung, aber Sie dürfen davon ausgehen, dass Haus und Mensch eine vorteilhafte Voraussetzung für ein erfolgreiches Leben bilden. Sie könnten jetzt noch, mit einer kleinen Maßnahme nach der Elemente-Lehre, Ihre Sheng-Qi-Richtung stärken.

Ein weiteres Beispiel:

Haus Trigramm Qian: 6, günstige Richtungen: W, NO, SW, NW (ungünstige Richtungen: SO, O, N, S)

Kua-Zahl des Menschen Xun: 4, günstige Richtungen: N, S, O, SO (ungünstige Richtungen: NW, SW, W, NO)

Süd-Osten

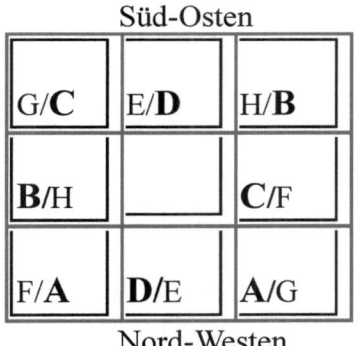

Nord-Westen

Sitzrichtung ist der Nord-Westen, Qian der Vater.

Sie erkennen hier, dass es keine gemeinsamen, günstigen Richtungen für Haus und Mensch gibt. Das Haus bzw. die Wohnung fördert also Ihr persönliches Weiterkommen nur bedingt. Das bedeutet, dass Sie im nächsten Schritt nach der am wenigsten schlechten Richtungsübereinstimmung suchen. Das wäre in diesem Fall NW und SW. Hier zeigen sich 2 Sektoren die halbwegs gut sind. Und so können Sie bei jedem anderen Beispiel vorgehen.

Bei keiner Übereinstimmung suchen Sie immer das kleinste Übel und nutzen Sie Ihre günstigen Richtungen.

Das Schlafzimmer gehört, neben dem Eingang, zu einem der wichtigsten Bereiche Ihrer Wohnung. Im Idealfall liegt es im D-Bereich. Der Haupteingang sollte in einem für Sie günstigen Sektor liegen, am besten Sektor A. Auch die Schlafzimmertür sollte, wenn machbar, im A-, B-, C- oder D-Sektor liegen.
Platzieren Sie den Esstisch in einem für Sie günstigen Sektor, A, B, C oder D. Wenn Sie zu Hause arbeiten, dann stellen Sie Ihren Arbeitstisch ebenfalls in einen für Sie günstigen Sektor. Setzen Sie sich immer so an den Tisch, dass Sie in eine für Sie günstige Richtung blicken.

Arbeiten Sie bei der Selbsthilfe mit diesen Informationen und Sie werden erstaunt sein, wie positiv sich Ihre Situation durch wenige Handgriffe, Maßnahmen und Überlegungen, entwickeln kann. Innerhalb kürzester Zeit werden Sie eine effektive Veränderung Ihrer Lebenssituation erfahren. Wenn Sie Wandlungsphasen benützen, um das Raum-Qi zu verbessern, dann achten Sie immer darauf, nicht das Haus zu stärken, sondern die Person.

Nachfolgend sind alle 8 Gebäude-Typen aufgeführt, getrennt nach Ost- und Westgruppe. Die fetten Buchstaben symbolisieren die förderlichen bzw. günstigen Sektoren.

Die Westgruppe: 1-Qian, 2-Kun, 7-Dui, 8-Gen

Qian-Haus-Sitzrichtung: Nord-Westen

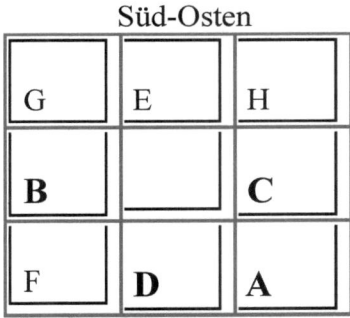

Kun-Haus-Sitzrichtung: Süd-Westen

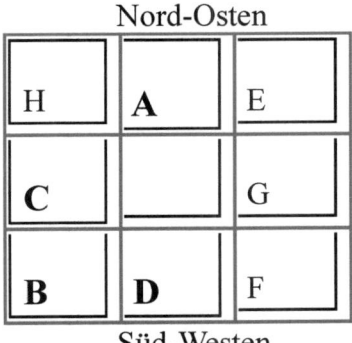

Dui-Haus-Sitzrichtung: Westen

Osten

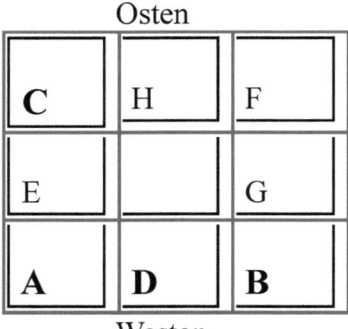

Westen

Gen-Haus-Sitzrichtung: Nord-Osten

Süd-Westen

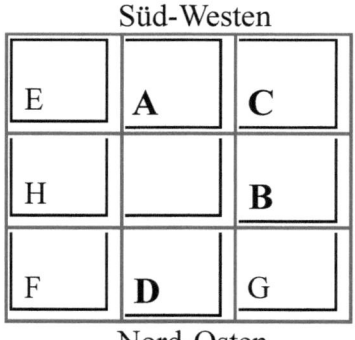

Nord-Osten

Die Ost-Gruppe: 1-Kan, 3-Zhen, 4-Xun, 9-Li

Kan-Haus-Sitzrichtung: Norden

Süden

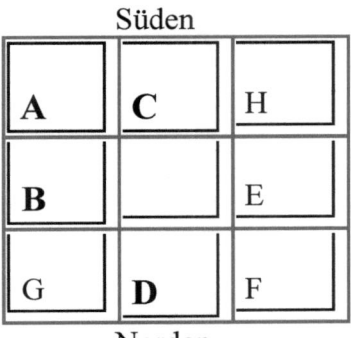

Norden

Zhen-Haus-Sitzrichtung: Osten

Westen

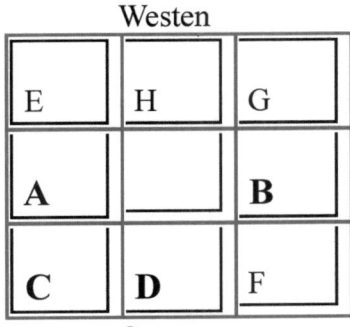

Osten

Xun-Haus-Sitzrichtung: Süd-Osten

Nord-Westen

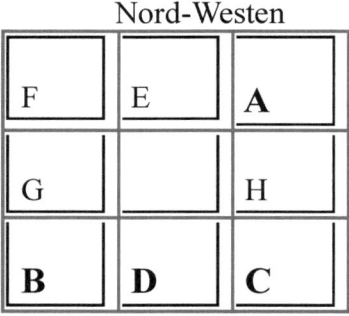

Süd-Osten

Li-Haus-Sitzrichtung: Süden

Norden

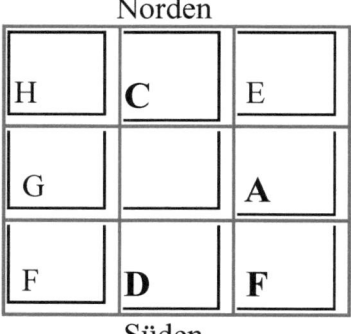

Süden

Schritt 4

Bewerten Sie Ihren Wohnbereich nach der Auflistung in abfallender Reihenfolge. Beginnend mit dem wichtigsten Aspekt.

1. Die Eingangstür: sie sollte in einer für Sie günstigen Richtung liegen.

2. Ihr Herd, auf dem Sie täglich die Speisen zubereiten, sollte in eine für Sie günstigen Richtung ausgerichtet werden. Sie gehen in diesem Fall von den Schaltknöpfen aus. Wenn Sie vorwiegend im Restaurant essen, ist dieser Aspekt unwichtig. An Ihrem Esstisch sollten Sie in eine für Sie günstige Richtung blicken.

3. Ihr Kopf sollte beim Schlafen in eine für Sie günstige Richtung zeigen. Die Schlafzimmertür sollte in einer günstigen Richtung liegen.

4. Wenn Sie zu Hause arbeiten, sollten Sie am Schreibtisch sitzend in eine für Sie günstige Richtung blicken.

Bei der Ba Zhai (Acht-Häuser-Methode) ist die Richtung der wichtigste Aspekt. Als nächsten Punkt beachten Sie die Sektoren.

1.   Die Eingangstür sollte in einem vorteilhaften Sektor liegen.

2.   Das Schlafzimmer sollte in einem günstigen Haus-Sektor platziert werden.

3.   Die Treppe sollte in einem günstigen Sektor liegen

4.   Wenn Sie ein Büro zuhause betreiben, dann sollte es in einem günstigen Sektor liegen.

Badezimmer und WC sollten in einem negativen Sektor untergebracht werden. Wasser schwemmt die negativen Energien fort.

Die Küche sollte in einem negativen Sektor untergebracht werden. Der Herd sollte im kleinen Raum-Raster in einem negativen Sektor untergebracht werden. Feuer verbrennt die negativen Energien.

Versuchen Sie so viele Punkte wie möglich, nach den oben genannten Kriterien, zu arrangieren.

Maßnahmen und Möglichkeiten der Verbesserung:

Im klassischen Feng-Shui geht es vorwiegend um die Balance der Elemente. Sie haben deshalb immer die Möglichkeit, auch bei schlechtem Feng-Shui, etwas zu tun. Nicht zufrieden stellende Situation können jederzeit verbessert werden.

Der Eingangsbereich und die Eingangstür ist einer der wichtigsten Aspekte, egal ob Sie ein Geschäft bewerten oder einen privaten Wohnbereich. Die Eingangstür sollte in einer für Sie vorteilhaften Richtung liegen. In einem für Sie günstigen Sektor des Hauses. Damit förderndes Qi in Ihr Haus fließt, darf der Eingangsbereich im A, B, C oder D Sektor sein. Halten Sie den Eingang frei von Gerümpel. Ideal ist es, wenn ein kleiner Platz vorhanden ist, wo sich Qi sammeln kann. Wenn Ihre Haustür nicht in einem günstigen Bereich ist, dann stärken Sie Ihre Sheng Qi- Seite und Ihre Fu Wei-Seite mit dem passenden Element.

Vor der Tür

Gehen Sie aus dem Haus vor Ihre Haustür. Sollten Sie in einem Privathaus wohnen, dann gehen Sie bis zum Anfang Ihrer Einfahrt, bleiben Sie nun ruhig stehen und sehen Sie sich um. Versuchen Sie Ihre Umgebung so wahr zu nehmen, wie jemand, der das erste Mal zu Ihnen kommt. Stellen Sie sich nachfolgende Fragen:

a)   Wie verläuft die Straße/Weg in Richtung Haustür?

b)   Was befindet sich genau gegenüber von meiner Haustür? Welche Formationen befinden sich rund um Ihr Haus (Nachbarhäuser, Berge...)

c)   Ist mein Eingang sofort erkennbar oder gibt es mehrere Türen? Diese Frage ist speziell bei einem Haus wichtig, welches als Geschäftshaus genutzt wird?

d)   Wie ist der Boden beschaffen auf dem das Haus steht?
     Steht das Haus auf einer Ebene oder ist es in den Hang hinein gebaut?

e)   Wie wachsen die Bäume rund um das Haus, gerade, gekrümmt etc. Sehen Pflanzen und Bäume gesund aus?

f)   Wie verlaufen die Straßen allgemein, rund um Ihr Haus?

Nachdem Sie die oben gestellten Fragen und vielleicht noch einige mehr für sich beantwortet haben und im Idealfall die Antworten auch notiert haben, beschäftigen Sie sich nun mit der Auswertung.

Erklärung und Hilfe:

Straßen sind wie Flüsse und transportieren Qi. Eine Straße die gerade auf Ihren Eingang zuläuft gleicht einem Pfeil, der den Eingangsbereich verletzen kann. Das Qi fließt zu schnell.

Verändern Sie den Verlauf des Weges oder wenn das nicht möglich ist, dann setzen Sie Pflanzen oder Steine so, dass die Linie zur Tür nicht mehr gerade verläuft. Beim Setzen von Pflanzen und Anlegen von Blumenbeeten für diesen Zweck, achten Sie darauf, dass die Beete und Pflanzen regelmäßig geschnitten und gepflegt werden – kein Gestrüpp. Beachten Sie auch, dass die Zufahrt nicht behindert ist.

Wenn der Platz es zulässt, schützen Sie Ihre Eingangstür mit einer schönen Kübelpflanze, aber verstellen Sie nicht den Zugang.

Geschäfts-Eingänge, die von so massiven Qi-Energien bedroht werden, sollten verlegt werden. Bei Mietobjekten werden die Mieter ständig wechseln, weil der Geschäftserfolg nicht in eine Kontinuität gebracht werden kann.

Bäume direkt vor der Haustür oder Fahnenstangen sind nicht förderlich und bedrohen den Eingang. Riesige Bäume, die das Haus überragen, sind nicht förderlich und sollten regelmäßig gekürzt werden. Häuser die vis-a-vis stehen genau ansehen. Ich beobachte immer wieder Zubauten, die wie Giftpfeile aussehen.

Zum Beispiel: Dachgiebel die nach außen gehen. Früher oder später kommt es hier zu Streitigkeiten mit den Nachbarn.

Deshalb versuchen Sie sofort Abhilfe zu schaffen.

Hilfe bei „Giftpfeilen" bietet Gebüsch, oder ein Sandhügel. Im Außen kann bei massiven Bedrohungen auch ein PaKua Spiegel verwendet werden. Das Trigramm Qian (Himmel, drei durchgehende Linien) soll oben sein. Spiegel zur Richtungsänderung von Giftpfeilen verwende ich persönlich kaum. Sie sind ein sehr diffiziles Instrument. Die Platzierung erfordert ein Höchstmaß an Achtsamkeit und sollte wenn möglich durch eine Fachfrau (Fachmann) erfolgen. Es ist wichtig, dass diese Spiegel so befestigt werden, dass sie sich bei Wind und Wetter nicht verändern. Achten Sie speziell darauf, dass die Energien nicht durch ein anderes spiegelndes Objekt zurückgeworfen werden.

Große Antennen und reflektierende Objekte, wie Satellitenschüsseln, sind schädliche Strukturen. Keine Schlafräume angrenzend zu Satellitenschüsseln. Äste, die sehr massiv auf Ihr Haus zuwachsen und die Sie nicht schneiden können, bedrohen Sie mit einer aufgehängten Säge.

Ihre **Eingangstür** darf immer sofort erkennbar sein. Speziell wenn Sie ein Geschäft betreiben, markieren Sie Ihren Eingang klar und deutlich. Eine Möglichkeit wäre einen farblichen Akzent zu setzen oder Sie können zwei schöne

Blumenkübel wie Türwächter platzieren. Wenn Sie mit Blumen arbeiten, achten Sie darauf, dass diese immer ordentlich gepflegt werden und nicht halbtot und am Verdursten sind. Beachten Sie in welchem Sektor Ihre Eingangstür platziert ist. Stärken Sie eventuell eine vorteilhafte Konstellation durch das passende Element gemäß den Zyklen.

Gute und gesunde Pflanzen symbolisieren das Element Holz.

Brennende Kerzen in einer großen Laterne symbolisieren das Element Feuer.

Große Steine oder Tongefäße für Erde.

Metallskulpturen für Metall.

Brunnen oder Wasserschalen für Wasser.

Steht das Gebäude auf abschüssigem Gelände „fließt der Wohlstand davon", deshalb versuchen Sie unbedingt eine kleine Fläche rund um Ihr Haus zu schaffen, die halbwegs eben erscheint. Abschüssigem Gelände können Sie optisch durch Bäume und Sträucher eine Veränderung geben. Hier ist in der Tat die Optik wichtig. Wenn Ihr Haus in den Hang gebaut wurde, so ist das aus Feng-Shui Sicht nicht förderlich. Der Berg wird als Bedrohung (Hangrutschung) empfunden. Die Bewohner können oft nicht ruhig schlafen. In diesem Fall ist es wichtig, Ihre Wohlfühl-Richtungen mit dem passenden

Element zu stärken und die Räume, in denen Sie sich viel aufhalten, in einem produktiven Sektor zu platzieren. Schräge Wände sind nicht förderlich und sollten durch Tücher oder eine Malerei die das Auge täuscht gemildert werden um nicht nieder zu drücken oder zu bedrohen. Häuser, bei denen das obere **Stockwerk überhängend** gebaut wurde, sind nicht förderlich, da die Bewohner nicht sicher „am Boden der Tatsachen" stehen oder „in der Luft hängen". Speziell der Raum der überhängt ist unsicher (unbewusst). Ein quadratisches oder ein rechteckiges Haus (gilt auch für Räume) steht am stabilsten.

Fehlende Bereiche können durch Hecken oder Blumenbeete optisch hinzugefügt werden oder mit einer kleinen Steinwand. Häuser mit **Flachdächer** (Erde) sind nicht förderlich für kreative Arbeiten. Häuser mit einer unausgewogenen, modern-chaotischen Architektur bringen Durcheinander für die Bewohner und wirken sich nicht förderlich auf die Finanzen aus.

Zubauten sollten möglichst gut ins Haus integriert werden. Ein Beispiel: Die Küche der Frau mit einem Wohnzimmer befindet sich im Altbau. Der Mann baut sich einen Hobbyraum als gut sichtbaren Zubau oder baut sich das Obergeschoss, mit einem separaten Zugang von außen, aus. Beides kann sich sehr negativ auf die Beziehung auswirken und bis zur Trennung führen. Achten Sie deshalb genau auf die Optik. Auch beim Bau eines neuen Hauses darf bedacht werden, dass optische Trennungen, zum Beispiel zwei Hausteile, nicht förderlich für eine intakte Beziehung sind. Häuser, die aussehen wie Gefängnisse oder Kasernen, bieten kein liebevolles Feng Shui. Häuser, die aussehen wie geteilt, bringen Liebende auseinander.

Häuser sollten nicht in **die Mitte** eines Grundstückes gebaut werden sondern leicht versetzt. Die Mitte sollte immer frei bleiben. Diese Regel ist auch in Räumen und im Haus selbst förderlich. Bauen Sie keine Wendeltreppe in die Mitte Ihres Hauses oder eines Raumes. Die Mitte will Ruhe. Wendeltreppen werden zusätzlich als nicht förderlich angesehen, da sie keinen ausgeglichenen Qi-Fluss gewährleisten. Treppen und Stiegenhäuser sind Straßen für Qi. Stellen Sie sich Qi wie eine breiige Masse vor die gemütlich und stetig durch Ihr Haus fließt. Schaffen Sie Plätze im Haus wo sich Qi sammeln kann und stellen Sie nicht alles voll. Versuchen Sie die Abstellflächen möglichst frei zu lassen oder nur ein Objekt hinzustellen.

Kinder entsprechen der Yang-Energie. Speziell Knaben bis zum 7. Lebensjahr repräsentieren reine Yang-Energie.

Aus diesem Grund können Kinder die Qi-Qualität eines Ortes, einer Wohnung bzw. eines Raumes sehr gut aufnehmen und reagieren dem entsprechend.

Sind Ihre Kinder über-aktiv und unaufmerksam, dann überprüfen Sie die Kinderzimmer. Beobachten Sie Ihre Kinder wie sie sich verhalten. Wie liegen sie im Bett, wenn Sie sie in der Früh wecken. Sollten Ihre Kinder sich in der Nacht regelmäßig verdrehen, dann dürfen Sie das Kinder-Zimmer (die Bettstelle) auf schädliche Energien, Wasseradern etc. untersuchen. Keine offenen Bücherregale über dem Schreibtisch oder Bett. Kaufen Sie sich ein Pendel oder verwenden Sie eine passende Halskette mit einem schweren Anhänger und befragen Sie das Pendel. Ein Frage-Beispiel: Ist der Standplatz des Bettes gesundheitsfördernd für mein Kind? Oder - Fördert der Standplatz des Schreibtisches den Lernerfolg meines Kindes? Oder - Bringt der Standplatz der Couch Ruhe und Entspannung? …

Pendeln ist leicht zu erlernen und erfordert am Anfang nur etwas Übung. Es wird Ihnen mit Sicherheit gute Dienste leisten, wenn eine Schwierigkeit auftaucht.
Bei Störfeldern stellen Sie Ihr Bett oder das Ihrer Lieben auf einen anderen Platz. Wasseradern und andere Störfelder

machen Sie nicht krank. Jedoch, wenn Sie geschwächt sind, dann werden diese starken Energien Sie weiter schwächen.

Sollten Sie gut schlafen und alles ist bestens, dann verschwenden Sie keinen Gedanken an eine Veränderung. Wenn Sie schlecht schlafen, kränklich sind oder Ihr Partner Sie betrügt bzw. Ihr Sexualleben, trotz bestehender Partnerschaft, nicht mehr funktioniert, dann werden Sie aktiv und räumen Sie Ihr Schlafzimmer auf oder um und überprüfen Sie den Raum auf Störfelder. Warten Sie nicht ab – machen Sie es sofort. Sie können in Ihrem Schlafzimmer auch mit Farben Ihr Wohlbefinden steigern. Stimmen Sie die Farben auf Ihre Kua-Zahl ab. Siehe Tabelle am Ende des Buches. Spiegel, die auf Ihr Bett gerichtet sind, machen nur dann Sinn, wenn Sie mehrere Personen in Ihrem Bett haben möchten, ansonsten ist davon abzuraten. Hängen Sie die Spiegel um oder verdecken Sie die Spiegel mit einer kleinen Rollo, damit Sie je nach Bedarf variieren können.

Für Singles: Sollten Sie den Wunsch haben Ihr Single-Leben aufzugeben, dann werden Sie aktiv und beginnen Sie für einen Partner Platz zu schaffen. Stärken Sie Ihre „Liebes"-Richtung (C) mit dem passenden Element nach der Elemente-Lehre.

Setzen Sie sich immer wieder auf einen anderen Sessel an Ihrem Tisch oder im Wohnzimmer. Schaffen Sie Platz in Ihrem Schlafzimmer, im Bad und in Ihrem Kleiderschrank. Lassen Sie am Tag soviel Licht (Qi) wie möglich in Ihr Schlafzimmer. Aktivieren Sie die „KAN"-Seite Ihrer Wohnung oder Ihres Hauses durch eine Elemente-Anwendung gemäß dem produktiven Zyklus. Fördern Sie den Qi-Fluss durch Licht (Helligkeit) in diesem Bereich. Symbolik: Ein großer Rosenquarz in diesem Bereich ist förderlich, ebenso wie ein schöner roter Rosenstock. Keine Trockenblumen und keinen Staub.

Das Esszimmer: Wenn Sie am Esstisch ständig streiten, dann überprüfen Sie die Energien in diesem Bereich und probieren Sie eine Elemente-Anwendung.

Reinigen Sie in regelmäßigen Abständen Ihre Räumlichkeiten durch **Räuchern**. Am besten eignet sich Salbei oder Weihrauch. Als zusätzliches Hilfsmittel können Sie ein Glöckchen verwenden.

Sollten Sie größere oder kleinere **Umbauten** planen, dann gehen Sie an die Stelle, wo die Umbauten stattfinden werden und bereiten Sie die Umgebung darauf vor.

Das gleiche machen Sie, wenn Sie eine größere Grabung (für Teich oder Pool) im Garten vornehmen. Gehen Sie zu der Stelle einige Tage vorher und informieren Sie die Natur, dass es Lärm und Unruhe geben wird. Das klingt für einen nüchtern denkenden Menschen etwas ungewöhnlich, doch glauben Sie mir, dass kann Ihnen unter Umständen einiges an Ärger ersparen. Es gibt Energien an bestimmten Orten, die zu bestimmten Zeiten nicht gestört werden möchten. Wenn Sie aber mit Ihrer Wiese sprechen und Ihr mitteilen, dass in der folgenden Woche ein Bagger kommt, um zu graben, dann besänftigen Sie damit die Natur. So als würden Sie die Nachbarn warnen, wenn Sie eine laute Party planen. Ich habe Fälle erlebt, wo das nicht beachtet worden ist und wo es dann, bis zu einem Jahr danach, immer wieder kleine Ärgernisse, in Zusammenhang mit diesem Projekt, gegeben hat. Vergessen Sie niemals, dass wir nur ein Teil eines großen Organismus sind und dass wir mit allen Pflanzen, Tieren, und Menschen verbunden sind. Bedanken Sie sich immer, wenn alles gut gegangen ist oder sprechen Sie ein Dankgebet, wenn Sie gläubig sind.

Eine Feng Shui Fachfrau (Fachmann), die sich mit klassischem Feng-Shui beschäftigt, kann Ihnen natürlich auch errechnen welche Bereiche Ihres Hauses und Gartens zu welcher Zeit nicht durch Umbauarbeiten gestört werden sollen.

Wenn Sie in ein neues Geschäft oder in eine neue Wohnung ziehen, gehen Sie ähnlich vor. Zuerst reinigen (Salz ist eine Möglichkeit) Sie die Räumlichkeiten, dann **räuchern** und dabei artikulieren Sie Ihre Vorstellungen, die Sie in diesem Gebäude umsetzen möchten. Versuchen Sie nach Möglichkeit auch immer die Räume neu auszumalen, bevor Sie Ihre Möbel platzieren. Möbel, die Sie übernehmen, reinigen Sie in jedem Fall mit einer milden Seifenlauge, Teppiche sowieso.

Frühhimmlisches Ba Gua oder die Polarität, feststehend, das Fundament, das Wissen.

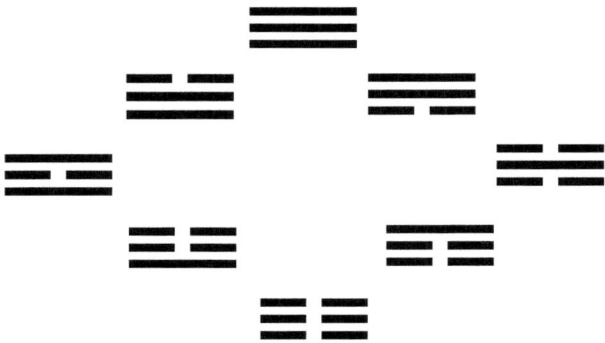

Der Süden (Qian-Himmel) steht dem Norden (Kun-Erde) gegenüber. Der Vater steht der Mutter gegenüber. Der älteste

Sohn (Zhen, NO) steht der ältesten Tochter (Xun, SW) gegenüber. Die jüngste Tochter (Dui, SO) steht dem jüngsten Sohn (Gen, NW) gegenüber und die mittlere Tochter (Li, O) steht dem mittleren Sohn (Kan, W) gegenüber.

Späthimmlisches Ba Gua, die Weiterentwicklung, Dynamik, angewandtes Wissen

Mit dem Lebenskreislauf „stirb und werde". Morgen – Vormittag – Mittag - früher Nachmittag – Nachmittag – Abend – Nacht - früher Morgen.

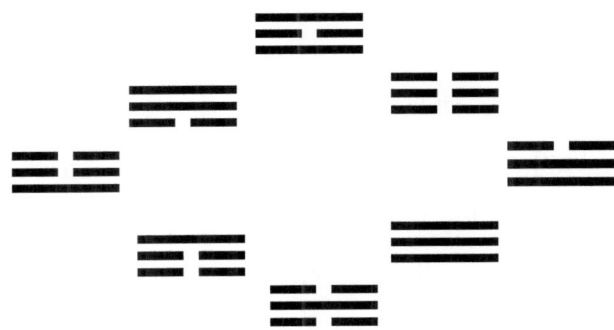

Im **Frühling** (Zhen) bricht die Erde auf und sanfte Winde (Xun) unterstützen das Wachstum. Im **Sommer** (Li) erreicht die Pflanze Ihren Höhepunkt an Schönheit. Die Früchte reifen.

Im **Herbst** wird geerntet und der Mensch bereitet sich auf den Winter vor. Im **Winter** ruht die Natur, um im Frühling wieder zu neuem Leben zu erwachen.

Ein Kreis, der sich ohne Anfang und ohne Ende darstellt und ewig weiter geht.

Zusammenfassung

1. Durch Ihre **Kua-Zahl** erfahren Sie, welche vier Himmels-Richtungen für Sie positiv sind und welche vier Himmelsrichtungen für Sie negativ sind. Außerdem erkennen Sie, welche Elemente mit den jeweiligen Richtungen konform gehen.

2. Sie benötigen einen Plan Ihres Hauses oder Ihrer Wohnung.

3. Sie benötigen Pläne der einzelnen Räume

4. Sie ermitteln, mittels Bestimmung der Sitzrichtung, die Ausrichtung des Hauses bzw. Ihrer Wohnung. Dadurch bestimmen Sie gleichzeitig das Element des Hauses. Bei einem Mehrparteien-Wohnhaus überprüfen Sie zuerst in welchem Sektor Ihre Wohnung liegt und als nächsten Schritt berechnen Sie Ihre Wohnung. Wenn Sie die Wohnung noch nicht gekauft oder gemietet haben, dann versuchen Sie eine Wohnung in einem für Sie günstigen Sektor des Gesamthauses, zu nehmen.

5. Sie überprüfen, ob Ihr Kua-Zahl-Element mit dem Haus Element zusammen passt.

6. Sie erstellen nun einen 9-Sektoren Raster und legen diesen über Ihren Hausplan. Weitere Raster können Sie dann über die einzelnen Räume legen. Die genaue Ausrichtung laut Ihrer Kompass-Messung beachten. Wenn Sie den Raster über Ihren Hausplan legen, dann erkennen Sie bereits auch, ob eventuelle Sektoren fehlen. Zum Beispiel bei Häusern, die winkelig gebaut sind.

7. Nachdem Sie das entsprechende Element für jeden Sektor zugeordnet haben, überprüfen Sie die Wirkungsweisen der Elemente. Weiters bestimmen Sie , auf Grund der Elemente-Lehre, ob ein Bereich gestärkt werden kann oder auch geschwächt werden darf. Das ist für einen Laien etwas Tüftel-Arbeit. Probieren Sie es einfach aus.

8. Wenn Sie eine Metall-Maßnahme benötigen dann stellen Sie bitte keine 1 Meter hohe Metall-Skulptur auf, sondern beginnen mit einer kleinen Aktion, wie zum Beispiel einigen Metallkugeln, wie man sie in vielen Einrichtungs-Häusern als Dekoration findet oder einem Zinnkrug etc.

9. Zur Stärkung eines Bereichs verwenden Sie im ersten Schritt mehr von dem jeweiligen Element oder arbeiten Sie mit dem produzierenden Zyklus. Räumen Sie alles aus diesem Sektor was das Element des Sektors schwächen könnte.

10. Beachten Sie immer, dass Qi durch Ihren Wohnbereich fließen möchte. Deshalb verstellen Sie keine Wege, sondern schaffen Sie Platz.

Klassisches Feng-Shui verwendet vorwiegend jene Dinge als Hilfsmittel, die Sie zu Hause haben.

Die Wirkweise der Hilfsmittel in abfallender Reihenfolge:

1. Das Material
2. Form
3. Farbe

Zusätzlich gibt es noch Schutzsymbole

Holz:	Pflanzen, Bäume,
	(nicht Einrichtungsgegenstände)
	lebendes Holz
Form:	Aufgerichtete Zylinder-Formen,
	säulenförmig
Farbe:	grün
Hausformen:	Säulen, Türme,
Bergformation:	hoch aufragend mit abgeflachtem Gipfel
Maßnahmen:	Pfeiler, Stehlen, Pflanzen, Blumen,
	Hydrokultur, Bambusflöten, Holzkohle

Feuer:	offenes Kaminfeuer, brennende Kerzen,
	Licht, Kunststoff und Synthetik
Form:	Strahlenförmig, spitz, dreieckig, scharfe
	Kanten
Farbe:	Rot, purpur, lila
Hausformen:	Spitze Dächer, Pyramidenformen
Bergformation:	spitz zulaufenden Gipfel und steile
	Abhänge
Maßnahmen:	rote Objekte oder Kerzen, rotes Licht,
	Kerzen, Feuer, offener Kamin, starkes
	Licht

Erde: Erde, Ziegel, Glas, Kristalle, Lehm,

Ton, Steine

 Form: flach, quadratisch, flache Oberfläche

(Flachdach), glatte Oberfläche

Farbe: braun, alle Erdtöne, orange, gelb

Hausformen: Flachdächer, gerade Linien, Kubus

Bergformation: weite Plateaus mit abfallenden Hängen

Maßnahmen: Ziegelwände, Keramiken, Tongefäße,

Porzellan, Steine, Sand

Metall: Metalle, glänzende Objekte, Erze

Form: rund, oval, kuppelförmig

Farbe: weiß, gold, silber

Hausformen: Bögen, Kuppeln

Bergformationen: abgerundete Gipfel mit sanften Hängen

Maßnahmen: Metallskulpturen und Metall-Gegenstände,

Metallene Glocken und Flöten, Münzen

Spiegel, Metallschmuck, PC, Kabel,

Folien, Pokale und metallene Becher,

Dosen, Werkzeug aus Metall, Uhren,

Pendeluhren, TV

Wasser:	Flüssigkeit
Form:	wellenförmig, weiche und fließende Formen, hügelig
Farbe:	schwarz, dunkelblau
Hausformen:	wellenförmige Dächer, unregelmäßige Fronten
Bergformationen:	wellenförmige, unregelmäßige Gipfel, sanft abfallende Hänge
Maßnahmen:	ruhendes Wasser (für Schlafräume) in Schalen, Vasen, Wasserbilder, Wasserfallbilder, Zimmerbrunnen, Aquarium, Pool, Biotop, Springbrunnen

Ungünstige Gegebenheiten und Maßnahmen:

Ungünstige Umgebung:

Häuser in der Nähe von Krankenhäusern, Friedhöfen, Müllplätzen, an der Außenseite von Kurven, am Ende einer Sackgasse, an einer T-Kreuzung, wenn die Straße gerade auf das Haus zuläuft, steile Hänge vor oder hinter dem Haus, Häuser auf Berg und Hügelspitzen, Häuser angrenzend zu Eisenbahnschienen (die befahren werden), Häuser neben Durchzugsstraßen, wo große Geschwindigkeiten gefahren werden, Häuser in Einzugsschneisen von Flugzeuglandebahnen, Bedrohungen durch Nachbargiebel,

Kräne, Reflektoren, Fahnenstangen, Windräder zur Stromproduktion.

Maßnahmen:

Häuser in der Nähe von Krankenhäusern und Friedhöfen sind im Bereich einer großen Yin-Energie, einen Ausgleich bietet Yang-Energie in Form von Pflanzen, Tieren, Kindern, Licht. Häuser auf Hügelspitzen stehen schutzlos da. Errichten Sie deshalb einen Schutz in Form von Pflanzen, Bäumen und Mauern oder Aufschüttungen. Ihr Haus sollte immer so platziert sein als würde es in einem gemütlichen Fauteuil sitzen. Mit einem Schutz im Rücken, gemütlichen Armlehnen (Erhebungen links und rechts) sowie vor dem Fauteuil Platz um die Füße auszustrecken. „Giftpfeile" von außen können durch Wasser, Sand oder Sägespäne aufgefangen werden oder durch Blattwerk, zudem ist es auch möglich eine Blockade zu errichten, indem man das Fenster mit Balken oder Rollläden schließt. Dabei ist es allerdings erforderlich, dass es immer geschlossen bleibt.

Ungünstige Haus-Konstellationen:

Häuser mit einem unausgewogenen Grundriss, Häuser die aussehen wie Gefängnisse, Häuser die eine optische Teilung aufweisen, Häuser die überhängende Räume haben,

Eingangstüren in Richtung Norden, mehrere Eingänge, Eingänge die versteckt sind, Küche angrenzend zum WC, Garage angrenzend zum Schlafzimmer. Bäume zu nahe am Haus, Wasser, das bis zum Haus geht (Pools), Swimming-Pool auf dem Dach.

Maßnahmen:
Versuchen Sie die fehlenden Bereiche, damit Sie eine rechteckige oder quadratische Form erhalten, durch Pflanzen, kleine Mauern oder kleine Aufschüttungen, optisch aufzubereiten. Pflanzen Sie Bäume aber nicht zu nahe beim Haus. Überhängende Einheiten lassen sich nur durch nachträgliche, bauliche Veränderungen abmildern.

Ungünstige Wohn-Konstellationen:
Treppen im Haus, die direkt auf den Hauseingang zulaufen, gerader Gang von der Haustür zur Rückseite des Hauses, gerader Gang mit rechts und links Zimmern (außer Hotel), Wendeltreppe in der Mitte des Hauses.

Maßnahmen:
Treppen, die direkt auf den Eingang weisen, sollten im Idealfall verdeckt werden. Dazu eignen sich Vorhänge, Perlenvorhänge bei wenig Platz, künstliche Pflanzen oder eine andere Möglichkeit besteht darin den Blick abzulenken.

Der Eingang Ihres Hauses oder Ihrer Wohnung ist einer der wichtigsten Bereiche. Der Eingang ist wie ein Mund der das Qi aufnimmt und ins Haus einfließen lässt. Achten Sie darauf, dass der Eingang in einem für Sie günstigen Sektor liegt. Gerade Gänge benötigen in den meisten Fällen bauliche Veränderungen. Scheuen Sie nicht davor zurück-es lohnt sich.

Das **Schlafzimmer** stellt neben dem Eingang einen wichtigen Bereich dar. Das Schlafzimmer sollte eine rechteckige oder quadratische Form haben. Wenn Sie nicht schlafen können, ständig krank sind, Ihr Sexualleben nicht passt oder wenn Sie sich ständig müde fühlen, kümmern Sie sich um Ihr Schlafzimmer. Pendeln Sie es aus oder lassen Sie einen Rutengeher kommen. Beachten Sie die Vegetation im Außen (Garten). Sie können durch diese Beobachtungen schon bedeutende Informationen über Wasseradern und sonstige Bodenbeschaffenheiten erhalten. Bäume neigen sich von Wasseradern, Verwerfungen, etc. weg. Wenn Sie das nächste Mal mit dem Auto entlang einer Baum Allee unterwegs sind, dann beachten Sie wie die Bäume sich von der Straße weg neigen. Vergessen Sie dabei aber bitte nicht auf den Verkehr zu achten. Bleiben Sie eventuell bei der nächsten Ausweiche stehen und schauen Sie sich das genauer an.

Maßnahmen:

Versuchen Sie so wenig elektrische Strahlung wie möglich in Ihrem Schlafzimmer zu versammeln (TV-Gerät, Lap-Top, Mobil-Telefone). Ihr Schlafzimmer sollte so aufgeräumt wie möglich sein. Schmutzwäsche gehört ins Bad in einen Korb. Der erste Blick, wenn Sie aufwachen sollte auf etwas Schönes gerichtet sein. Im Idealfall sollte Ihr Schlafzimmer auch nicht zum Büro werden. Keine offenen Bücherregale in Bettrichtung. Schlafen Sie nicht unter Balken oder herunterhängenden Lampen. Spiegel verdecken, wenn Sie in der Nacht öfter schreckhaft aufwachen. Gestalten Sie Ihr Schlafzimmer zu einem romantischen Ort mit Kerzen (immer in Laternen-keine offenen Kerzen-Feuergefahr) und angenehmen freundlichen Farben. Blau wirkt beruhigend. Rot aktivierend. Naturfarben wirken auch ruhig. Beim Einsatz von Farben dürfen Sie wieder genau überlegen, welche Elemente Sie fördern möchten und welche Sie zurücksetzen möchten. Beachten Sie dazu auch wieder die Tabelle am Buchende. Eine gefühlvolle Kopfarbeit ist in diesem Fall gefordert. Nehmen Sie sich die Zeit. Vergessen Sie nicht, dass Sie einen großen Teil Ihrer Lebenszeit im Schlafzimmer verbringen. Wassermaßnahmen im Schlafzimmer werden fast immer mit ruhigem Wasser (Wasserschalen, keine Brunnen) gesetzt.

Bei Schlafstörungen überprüfen Sie Ihr Schlafzimmer auf Wasseradern.

Sollten in Ihrem Haus besondere Todesfälle vorgekommen sein, dazu zählt auch frühzeitiges Sterben durch bestimmte Erkrankungen wie Krebs, dann überprüfen Sie unbedingt auf Wasseradern und stellen Sie Ihre Betten anders oder schlafen Sie in einem anderen Zimmer.

In früherer Zeit war die **Küche** eine der wichtigsten Bereiche des Hauses und erforderte größte Aufmerksamkeit in der Planung. Nachdem immer weniger gekocht wird, ist dieser Bereich nur dann von Bedeutung, wenn Sie noch selbst kochen. Der Herd sollte nicht freistehend in der Mitte des Raumes angesiedelt sein. In modernen Küchen ist das leider zur Zeit ein Trend. Feng Shui- technisch ist es nicht vorteilhaft und bringt keine stabile Basis. Mikrowellengeräte werden als nicht förderlich angesehen. Sollte Ihr Esstisch sich in der Küche befinden, dann versuchen Sie diesen in einem günstigen Sektor der Küche unterzubringen.

Im Idealfall sind Ihre Räume quadratisch oder rechteckig. Fenster bis zum Boden sind nicht vorteilhaft und sollten speziell im Schlafzimmer vermieden werden. Dunkle Ecken können mit einem schönen Licht erhellt werden.

Grelles Licht entspricht dem Element Feuer. Überprüfen Sie auf Ihrem Plan ob das für den jeweiligen Sektor passend ist. Licht ist ein wichtiges Element um Qi zu aktivieren.

Gehen Sie möglichst spielerisch und vergnüglich daran, Ihre Umgebung zu verbessern. Verzweifeln Sie nicht, wenn Sie eine komplexe Elemente-Situation vorfinden, sondern versuchen Sie immer möglichst einfach zu bleiben.

Gehen Sie Schritt für Schritt vor und erledigen Sie was für Sie sofort machbar ist. Versuchen Sie auch möglichst kreative Lösungen für die Elemente zu finden. Eine gute Feng-Shui Maßnahme im klassischen Sinn wird von der Umwelt nicht als solche erkannt, da sie sich ganz natürlich anfühlt. Kreativität ist ein Schlüssel zum Erfolg auf allen Ebenen. Nehmen Sie Ihre Umgebung mit allen 5 Sinnen wahr. Ich wünsche Ihnen viel Vergnügen bei der Umsetzung.

Schritt 5

Berechnen Sie Ihren Typ aus der klassischen Numerologie

Addieren Sie alle Zahlen Ihres Geburtsdatums.

Zum Beispiel: Frank Sinatra, geboren am 12.12.1924

1+2+1+2+1+9+2+4=22

2+2=4

Frank Sinatra ist ein Typ 4

Berechnen Sie die numerologische Jahresqualität, in der Sie sich gerade befinden.

Dazu zählen Sie den Tag Ihrer Geburt zum Monat und zum aktuellen Jahr.

Zum Beispiel: George Clooney, geboren am 6.5.1961

Jahresqualität für 2012

6+5+2012

6+5+2+0+1+2=16

1+6=7

Jahresqualität ab seinem Geburtstag im Mai 2012 ist die 7

bis zu seinem Geburtstag im Mai regiert noch die 6.

Die Typen und die Wohnsituation

Typ 1 –Pionier(in), Anführer(in)

kann auch in einer kleinen Wohnung glücklich werden. Dieser Typ sollte nicht zu altertümlich wohnen, sondern sehr individuell. 1er möchten, dass sich Besuch anmeldet. Der Typ 1 will Herrscher in seinem eigenen Reich sein.

Typ 2 – Diplomat(in), Vermittler(in)

Sie sollten eine Wohnung bevorzugen, in der Sie jederzeit Gäste einladen können bzw. Platz für einen Partner/eine Partnerin vorhanden ist. Alles darf fein, sauber und gepflegt sein. Ein guter Platz wäre auch in der Nähe von Wasser oder in der Großstadt. Zweier sind nicht gerne allein.

Typ 3 – Entertainer(in)

3er benötigen eine künstlerisch inspirierte Wohngegend. Eine einsam und verlassen liegende Behausung sollte vermieden werden, da Spaß und Vergnügen den eigenen Typ fördert.

Typ 4 – Analytiker(in)

Sie benötigen eine Wohnsituation mit klassisch

konservativen Strukturen in jungen Jahren. Später sollten Sie dieses Muster durchbrechen und sehr individuell werden. Sie benötigen Ordnung und ein kleiner Garten wäre ideal.

Typ 5 – Lebemenschen

5er sind im Normalfall wenig zuhause und viel unterwegs. Die Wohnung sollte sehr bunt sein, mit Dekorationen aus der ganzen Welt. Dieser Typ kann auch gut im Wohnwagen leben. Orgien und Exzesse sollten vermietet werden. Auf Ordnung achten.

Typ 6 – Ernährer(in)

ist der Familienmensch und benötigt eine familienfreundliche Umgebung mit Haustieren u. Musik. Achten Sie auf schöne und erstklassige Materialien und Arbeiten.

Typ 7 – Glaubenssucher(in)

benötigt Platz und Ausblick. Der Stil ist „understatement". Es wird kein Wert auf eine gestylte Wohnung gelegt. Braucht Platz für Bücherregale. Rückzugsmöglichkeit ist wichtig, Besuch sollte sich anmelden.

Typ 8 – Manager(in)

> will Exklusivität und Modernität und beste Wohngegend. Wichtig ist eine ästhetisch, schöne Umgebung. Dieser Typ will das Beste für wenig Geld. Eigene Bilder sollten gemalt und aufgehängt werden. Die Wohnung sollte herzeigbar sein.

Typ 9 – Menschenfreund(in)

> Jeder ist willkommen, das Haus sollte groß genug sein Besucher willkommen zu heißen. Moderne Technik sollte im Haus integriert werden. Vorsicht vor zu viel Alleinsein, Aggressivität und Eigenbrötelei.

Die Hausnummer

Nutzen Sie das Potenzial Ihrer Hausnummer.

Wenn Sie eine zwei- oder dreistellige Hausnummer haben, dann reduzieren Sie diese auf eine Stelle wie

zum Beispiel: 169

$1+6+9=16$

$1+6=7$

Nr. 1 – eine Wohnung für Individualisten und Pioniere. Eine Wohnung wenn man lernen will auf den eigenen Füßen zu stehen. Partnerschaft wird nicht gefördert.

Nr. 2 – eine gute Hausnummer für Partnerschaft. Das Miteinander, soziales sowie spirituelles Engagement. Achten Sie in einem 2er Haus darauf Gefühle und Rationalität in Balance zu halten.

Nr. 3 – fördert das fröhliche Miteinander. Einladungen sollten ausgesprochen werden. Keine 3-Ecks-Liebesbeziehungen. Achten Sie in einem 3er Haus auf Ihre Finanzen und betätigen Sie sich künstlerisch.

Nr. 4 – ein konservatives Ambiente darf erhalten bleiben und darf Ihnen Sicherheit vermitteln. Ein gutes Haus, wenn Sie bereit sind konsequent an Ihrer Karriere bzw. an Ihren Projekten zu arbeiten. Ein guter Ort als Treffpunkt für Menschen, auch für Menschen die Hilfe suchen. Versuchen Sie in einem 4er Haus immer am Ball zu bleiben.

Nr. 5 - ein offenes Haus für Besuche aus aller Welt. Jugendlich und bunt sollte die Einrichtung sein. Feiern Sie kräftig, aber hüten Sie sich vor Exzessen und Süchten. In einem 5er Haus herrscht ein reges Kommen und Gehen. Wenn Sie Ruhe möchten, dann sind Sie dort nicht richtig.

Nr. 6 – ein Haus für Familie, Kinder und Haustiere. Es eignet Sich auch gut für die Ausübung eines Heiler-Berufes. Es sollte keine Aggressivität gelebt werden. Laden Sie regelmäßig Gäste zu Kaffee und Kuchen.

Nr. 7 – ein Haus für Wissenschaftler und Schriftsteller, für Menschen die gut alleine leben können. Kein Haus für Menschen, die nachlässig mit Geld umgehen, da Materielles für dieses Haus nicht wichtig ist. Achten Sie auf eine stilvolle Einrichtung.

Nr. 8 – ein Haus für Eleganz und Großzügigkeit aber auch ein Haus der Optik und des Scheins, starke Persönlichkeiten und Geschäftsleute fühlen Sich hier wohl. Leben Sie in einem 8er-Haus Ihre soziale Ader, Nächstenliebe, Achtsamkeit und Verständnis.

Nr. 9 – dieses Haus gehört nicht Ihnen allein. Ein Haus für Menschenfreunde und Helferberufe. Entrümpeln Sie regelmäßig. Gib, dann wird dir gegeben, ist in diesem Haus die Devise.

Die Jahresqualität – Ihr persönliches Jahr

Im Jahr der **1** geht es um Neubeginn. Beginnen Sie Neues und starten Sie neu durch. Ein Jahr der Aktion. Setzen Sie Ihre Ideen um.

Im Jahr der **2** geht es um Partnerschaft, sowohl beruflich als auch privat. Wägen Sie ab. Erledigen Sie Ihre Hausaufgaben. Die Projekte die Sie im 1er Jahr begonnen haben, dürfen jetzt noch weiter ausgearbeitet werde.

Im **3**er Jahr sollten Sie nicht zu Hause sitzen, sondern sich unters Volk mischen und Verbindungen knüpfen. Ein gutes Jahr für Ihre eigenen kreativen Ideen oder für künstlerische Aktionen.

Im **4**er Jahr dürfen Sie konsequent und zäh an Ihren Projekten arbeiten. Werden Sie nicht nachlässig oder ungeduldig. Sie legen in diesem Jahr das Fundament für Ihre weitere Zukunft.

Im **5**er Jahr dürfen Sie sich entspannen. Genießen Sie das Leben und versuchen Sie die eine oder andere Reise einzuplanen. Beschäftigen Sie sich mit Sinnfragen und mit Lernen.

Im **6**er Jahr dürfen Sie sich aktiv um Ihr Familienleben kümmern. Beschäftigen Sie sich mit Musik und Tanz. Helfen Sie Anderen und vermeiden Sie Aggressivität. Ein Jahr für die Liebe und Triebe.

Im **7**er Jahr verbringen Sie im Idealfall Zeit in der Natur. Meditieren Sie und überlegen Sie, wie Sie weiter vorgehen möchten. Eventueller Richtungswechsel. Kein Finanzjahr.

Im **8**er Jahr sollten Sie sich um Ihre Finanzen kümmern. Es ist wichtig, dass Sie fleißig arbeiten und keinen „Schlendrian" einreißen lassen. Ruhepausen sind allerdings unbedingt einzuplanen. Sorgen sie für eine gesunde und ausgewogene Ernährung.

Im **9**er Jahr wird es Zeit, sich von alten Zöpfen und Kleidern zu befreien. Lassen Sie los, was nicht mehr zu Ihnen passt und was Sie nicht mehr brauchen. Auch wenn es sich um Freunde handelt. Machen Sie Inventur. Lernen Sie vergeben und verzeihen. Wenn Sie mögen, dürfen Sie auch einen Wohnungswechsel oder Partnerwechsel vornehmen.

Schritt 6

Entrümpeln Sie Ihre Wohnung. Trennen Sie sich von allen Dingen, die Sie mehrere Jahre nicht benützt haben. Verkaufen Sie am Flohmarkt, im Internet oder verschenken Sie an karitative Organisationen.

Schritt 7

Übung über 2 Wochen

Machen Sie jeden Tag einer Person, die Sie nicht kennen, ein ehrlich gemeintes Kompliment und beobachten Sie die Reaktion. Erfreuen Sie sich an der Freude der Anderen. Es geht darum, die Menschen in Ihrer Umgebung bewusst wahr zu nehmen.

Schritt 8

Gehen Sie einmal pro Woche in die Natur und riechen Sie an Blumen und Bäumen. Greifen Sie Blätter und Nadelbäume an und sprechen Sie mit den Pflanzen. Es geht darum die Natur bewusst wahr zu nehmen. Nehmen Sie einen Blumen- oder Zweigestrauß mit nach Hause für Ihre Vase.

Schritt 9

a)   Kaufen Sie sich ein schönes Buch (Tagebuch), in das Sie jeden Tag einen Wetterbericht schreiben.

Mindestens 15 Wochen. Schreiben Sie diesen Wetterbericht, wenn möglich, jeden Tag zur gleichen Zeit.

b) Schreiben Sie jeden Tag eine Sache in dieses Buch ,die Sie am nächsten Tag erledigen wollen und überprüfen Sie, ob Sie die Angelegenheit vom Vortag erledigt haben.

c) Denken Sie kurz an den Vortag und überlegen Sie, ob Ihnen jemand am Vortag etwas Gutes getan hat. Schreiben Sie es ins Buch. Das kann sein: ein Lächeln, ein freundliches Wort, eine Einladung, ein Geschenk, eine Hilfe, ein Anruf,…

Schritt 10

a) schreiben Sie eine 10 Punkte Liste mit Dingen, die Sie immer schon machen wollten

b) schreiben Sie eine 10 Punkte Liste mit Dingen, die Sie bis zu Ihrem seligen Ende unbedingt noch machen möchten

c) schreiben Sie eine 10 Punkte Liste mit Dingen, die Sie tun würden, wenn Ihre Lebenszeit in einem Jahr zu Ende wäre

d) schreiben Sie eine 10 Punkte Liste, was Sie tun würden, wenn Sie Geld und Zeit hätten und Ihnen alle

Türen offen stehen würden

e) Zum Schluss schreiben Sie eine Zusammenfassung. Überprüfen Sie alle Listen und schreiben Sie eine 10 Punkte Liste von Dingen, die Sie jetzt und sofort umsetzen können - UND TUN SIE ES.

Yin	Yang
Erde	Himmel
weiblich	männlich
Nacht	Tag
Mond	Sonne
Dunkel	hell
Schatten	Licht
zyklisch	linear
gerade Zahlen	ungerade Zahlen
Intuition	Logik
hinten	vorne
schwarz	weiß
Tal	Berg
negativ	positiv
kalt	heiß
ruhig	lebhaft
still	laut
schneebedeckte Polarregion	Wüste
rechts, weißer Tiger	links, Drache
traditionell	fortschrittlich
zusammenhalten	ausgeben
Yoga	Karate
grün, blau	rot, gelb

Geburtsjahreselement

Alle Jahre, die mit 0 oder 1 enden, stehen unter dem Element
– Metall. Alle Jahre, die mit 2 oder 3 enden, stehen unter dem
Element – Wasser. Alle Jahre, die mit 4 oder 5 enden, stehen
unter dem Element – Holz. Alle Jahre, die mit 6 oder 7 enden,
stehen unter dem Element – Feuer. Alle Jahre, die mit 8 oder 9
enden, stehen unter dem Element – Erde.

Die Kua-Zahlen

Zahl	Element	Gruppe	Günstige Richtungen	Ungünstige Richtungen
1	Wasser	Ost	SO, O, S, N	N, NW, NO, SW
2	Erde	West	NO, W, NW, SW	O, S, SO, N
3	Holz	Ost	S, N, SO, O	SW, NO, NW, W
4	Holz	Ost	N, S, O, SO	NW, W, SW, NO
5	Männer =	2		
5	Frauen =	8		
6	Metall	West	W, NO, SW, NW	SO, N, O, S
7	Metall	West	NW, SW, NO, W	N, SO, S, O
8	Erde	West	SW, NW, W, NO	S, O, N, SO
9	Feuer	Ost	O, SO, N, S	NO, SW, W, NW

Die Elemente

Element	schwächen	stärken	zerstören	neutralisieren
Wasser	Holz	Metall	Erde	Feuer
Holz	Feuer	Wasser	Metall	Erde
Feuer	Erde	Holz	Wasser	Metall
Erde	Metall	Feuer	Holz	Wasser
Metall	Wasser	Erde	Feuer	Holz

Symbole

Fische – Geld und Wohlstand

Kranich – Langlebigkeit und Glück

Pfirsich – Aktivierung des Eheglücks

Bambus – Langlebigkeit

Mandarin-Enten, immer zwei, – Liebe und Romantik

Drachen – Glück (Yang Energie)

Phönix – günstige Gelegenheiten

Schildkröte – Schutz vor Unglück

Tiger – Achtung

Einhorn – Schutzsymbol

Kiefer – anhaltende Freundschaft

Pa Kua Spiegel –Schutz und Abwehr

gemalte Türwächter – Schutz

Farben

rot – Glück (Feuer)

grün – Harmonie (Holz)

weiß – Frieden (Metall)

gold – Kraft (Metall)

silber - Metall

gelb – Fröhlichkeit (Erde)

schwarz – Unheil (Wasser)

blau – Himmel (Wasser)

Die acht Sterne der Ba Zhai Fa und

die 9 Sterne des Großen Wagens

A	Vitalität	Tang Lang	Gieriger Wolf	Holz
B	Himmlischer Heiler	Ju Men	Das große Tor	Erde
C	Harmonie	Wu Qu	Der Krieger	Metall
D	Gebäuderichtung, Sitzposition	Zou Fu You Bi	rechter Assistent/linker Assistent	Holz
E	Missgeschick	Lu Chun	Einschränkungen im Wohlstand	Erde
F	„6 Flüche"	Wen Qu	Der Gelehrte	Wasser
G	„5 Geister"	Lian Zhen	Tugend	Feuer
H	Große Gefahren	Po Jun	Zerstörer der Armeen	Metall

Farben für Ihr Schlafzimmer bezogen auf Ihr persönliches Trigramm

Kua-Zahl und Wirkkraft	Farben im Schlafzimmer	Wirkkraft	nicht förderliche Farben
3 und 4, Holz	dunkles blau, oder grün	Wasser Holz	Metallfarben (gold, silber) und rot (Feuer)
2 und 8, Erde	rot, gelb	Feuer und Erde	grün, gold
6 und 7, Metall	gelb und gold	Erde und Metall	Rot und dunkelblau
1, Wasser	gold und dunkelblau	Metall und Wasser	gelb und grün
9, Feuer	grün und rot	Holz und Feuer	Dunkelblau und gelb (Erde)

Frühhimmlische Reihenfolge

☱ TUI, SO	☰ CHIEN, Himmel, S	☴ SUN, SW
☲ LI, O		☵ KAN, W
☳ ZHEN, NO	☷ KUN, Erde, N	☶ KEN, NW

Späthimmlische Reihenfolge

☴ SUN, Holz, SO, 4	☲ LI, Feuer, S, 9	☷ KUN, Erde, SW, 2
☳ ZHEN, Holz, O, 3	Erde, 5	☱ TUI, Metall, W, 7
☶ KEN, Erde, NO, 8	☵ KAN, Wasser, N, 1	☰ CHIEN, Metall, NW, 6

Die 8 Trigramme und die Arbeit

Trigramm	Richtung	Eigenschaft	für welche Arbeit
KAN	N	Gefahr,	Werkstatt
KEN	NO	Hindernisse, Schranken	Eingänge,Lagerhäuser, Sicherheitssysteme, Portier,
CHEN	O	Schnelligkeit, Straßen	Transport- und Güterverkehr, Rezeption
SUN	SO	Handel, Wachstum	Fließbandarbeit, Routinearbeit
LI	S	Blitz, Hitze	Elektrotechnik, PCs, Labore
KUN	SW	Ernährung, Gelehrsamkeit	Kliniken, Soziales, Landwirtschaft
TUI	W	Freude, Heiterkeit	Vergnügungsetablissements, Theater, Schöpferisches
CHIEN	NW	Kraft, Kreativität	Management, Geschäftsführung, Ateliers, Trainingsräume

Ihr Geburtsjahr	Ming Gua/Mann	Ming Gua/Frau
1940	NW qian Metall	S li Feuer
1941	SW kun Erde	N kan Wasser
1942	SO xun Holz	SW kun Erde
1943	O zhen Holz	O zhen Holz
1944	SW kun Erde	SO xun Holz
1945	N kan Wasser	NO gen Erde
1946	S li Feuer	NW qian Metall
1947	NO gen Erde	W dui Metall
1948	W dui Metall	NO gen Erde
1949	NW qian Metall	S li Feuer
1950	SW kun Erde	N kan Wasser
1951	SO xun Holz	SW kun Erde
1952	O zhen Holz	O zhen Holz
1953	SW kun Erde	SO xun Holz
1954	N kan Wasser	NO gen Erde
1955	S li Feuer	NW qian Metall
1956	NO gen Erde	W dui Metall
1957	W dui Metall	NO gen Erde
1958	NW qian Metall	S li Feuer
1959	SW kun Erde	N kan Wasser
1960	SO xun Holz	SW kun Erde
1961	O zhen Holz	O zhen Holz
1962	SW kun Erde	SO xun Holz
1963	N kan Wasser	NO gen Erde
1964	S li Feuer	NW qian Metall
1965	NO gen Erde	W dui Metall
1966	W dui Metall	NO gen Erde
1967	NW qian Metall	S li Feuer
1968	SW kun Erde	N kan Wasser
1969	SO xun Holz	SW kun Erde
1970	O zhen Holz	O zhen Holz
1971	SW kun Erde	SO xun Holz
1972	N kan Wasser	NO gen Erde
1973	S li Feuer	NW qian Metall
1974	NO gen Erde	W dui Metall
1975	W dui Metall	NO gen Erde
1976	NW qian Metall	S li Feuer
1977	SW kun Erde	N kan Wasser
1978	SO xun Holz	SW kun Erde

Ihr Geburtsjahr	Ming Gua/Mann		Ming Gua/Frau
1979	O zhen Holz		O zhen Holz
1980	SW kun Erde		SO xun Holz
1981	N kan Wasser		NO gen Erde
1982	S li Feuer		NW qian Metall
1983	NO gen Erde		W dui Metall
1984	W dui Metall		NO gen Erde
1985	NW qian Metall	S li Feuer	
1986	SW kun Erde		N kan Wasser
1987	SO xun Holz		SW kun Erde
1988	O zhen Holz		O zhen Holz
1989	SW kun Erde		SO xun Holz
1990	N kan Wasser		NO gen Erde
1991	S li Feuer		NW qian Metall
1992	NO gen Erde		W dui Metall
1993	W dui Metall		NO gen Erde
1994	NW qian Metall		S li Feuer
1995	SW kun Erde		N kan Wasser
1996	SO xun Holz		SW kun Erde
1997	O zhen Holz		O zhen Holz
1998	SW kun Erde		SO xun Holz
1999	N kan Wasser		NO gen Erde
2000	S li Feuer		NW qian Metall
2001	NO gen Erde		W dui Metall
2002	W dui Metall		NO gen Erde
2003	NW qian Metall		S li Feuer
2004	SW kun Erde		N kan Wasser
2005	SO xun Holz		SW kun Erde
2006	O zhen Holz		O zhen Holz
2007	SW kun Erde		SO xun Holz
2008	N kan Wasser		NO gen Erde
2009	S li Feuer		NW qian Metall
2010	NO gen Erde		W dui Metall
2011	W dui Metall		NO gen Erde
2012	NW qian Metall		S li Feuer
2013	SW kun Erde		N kan Wasser
2014	SO xun Holz		SW kun Erde
2015	O zhen Holz		O zhen Holz
2016	SW kun Erde		SO xun Holz
2017	N kan Wasser		NO gen Erde

Der chinesische Kalender mit dem dazugehörenden Tierkreiszeichen und Jahres Element.

Jahresbeginn	Element	Tier
08.2.1940	Metall	Drache
27.1.1941	Metall	Schlange
15.2.1942	Wasser	Pferd
05.2.1943	Wasser	Ziege
25.1.1944	Holz	Affe
13.2.1945	Holz	Hahn
02.2.1946	Feuer	Hund
22.1.1947	Feuer	Schwein
10.2.1948	Erde	Ratte
29.1.1949	Erde	Ochse
17.2.1950	Metall	Tiger
06.2.1951	Metall	Hase
27.1.1952	Wasser	Drache
14.2.1953	Wasser	Schlange
03.2.1954	Holz	Pferd
24.1.1955	Holz	Ziege
12.2.1956	Feuer	Affe
31.1.1957	Feuer	Hahn
18.2.1958	Erde	Hund
08.2.1959	Erde	Schwein
28.1.1960	Metall	Ratte
15.2. 1961	Metall	Ochse
05.2.1962	Wasser	Tiger
25.1.1963	Wasser	Hase
13.2.1964	Holz	Drache
02.2.1965	Holz	Schlange
21.1.1966	Feuer	Pferd
09.2.1967	Feuer	Ziege
30.1.1968	Erde	Affe
17.2.1969	Erde	Hahn
06.2.1970	Metall	Hund
27.1.1971	Metall	Schwein
15.2.1972	Wasser	Ratte
03.2.1973	Wasser	Ochse
23.1.1974	Holz	Tiger
11.2.1975	Holz	Hase

31.1.1976	Feuer	Drache
18.2.1977	Feuer	Schlange
07.2.1978	Erde	Pferd
28.1.1979	Erde	Ziege
16.2.1980	Metall	Affe
05.2.1981	Metall	Hahn
25.1.1982	Wasser	Hund
13.2.1983	Wasser	Schwein
02.2.1984	Holz	Ratte
20.2.1985	Holz	Ochse
09.2.1986	Feuer	Tiger
29.1.1987	Feuer	Hase
17.2.1988	Erde	Drache
06.2.1989	Erde	Schlange
27.1.1990	Metall	Pferd
15.2.1991	Metall	Ziege
04.2.1992	Wasser	Affe
23.1.1993	Wasser	Hahn
10.2.1994	Holz	Hund
31.1.1995	Holz	Schwein
19.2.1996	Feuer	Ratte
07.2.1997	Feuer	Ochse
28.1.1998	Erde	Tiger
16.2.1999	Erde	Hase
05.2.2000	Metall	Drache
24.1.2001	Metall	Schlange
12.2.2002	Wasser	Pferd
01.2.2003	Wasser	Ziege
22.1.2004	Holz	Affe
09.2.2005	Holz	Hahn
29.1.2006	Feuer	Hund
18.2.2007	Feuer	Schwein
02.2.2008	Erde	Ratte
26.1.2009	Erde	Ochse
14.1.2010	Metall	Tiger
03.2.2011	Metall	Hase
23.1.2012	Wasser	Drache
10.2.2013	Wasser	Schlange
31.1.2014	Holz	Pferd
19.2.2015	Holz	Ziege

Literaturverzeichnis:

Publikationen von Großmeister Yap Cheng Hai

Eva Wong – A Master Course in Feng-Shui

Eva Wong – The Ancient Wisdom of Harmonious Living for modern times

Lillian Too – Das grosse Buch Feng Shui

Derek Walters – Das Feng-Shui Praxisbuch

Stephen Skinner – Feng Shui

Feng shui Journal

Dr. Jes T.Y. Lim – Feng Shui und Gesundheit

Joey Yap – Your Aquarium here

David Twicken – Flying Star Feng Shui made easy

Frank Fiedeler - Yin und Yang

Richard Wilhelm - I Ging

Laotse, Tao te king

Martin Schönberger - Weltformel I Ging und genetischer Code

Fritjof Capra – the Tao of Physics

Helwig Schmidt-Glintzer – Das Alte China

Jian-min Wang – Qigong, Neue Harmonie für die Seele und Körper

Ray Pawlett – Tai chi

Gabriele Fahr-Becker, Ostasiatische Kunst

Lu Uranitsch, Jahrgang 1961 beschäftigt sich seit vielen Jahren mit der Wirkweise von Feng Shui Maßnahmen. Nachdem am Anfang die Berechnung im Vordergrund stand, nimmt nun die Natur- und Umgebungsbeobachtung einen immer größeren Raum ein. Die Interaktion von Mensch und Umgebung und die Auswirkung von Zahlen, wie zum Beispiel Hausnummern, auf die Lebenssituation.